本书为2023年度湖北省教育科学规划重大招标课题"湖北省推进'大思政课'建设体制机制创新研究"（项目编号：2023ZD002）、2023年度湖北省高等学校马克思主义中青年理论家培育计划（第十批）"《费尔巴哈论》的汉译传播及其当代价值研究"（项目编号：23ZD007）研究成果。

"四史"教育
融入大中小学思政课
一体化研究

郭巧云　王学民　杜钢清　著

WUHAN UNIVERSITY PRESS
武汉大学出版社

图书在版编目（CIP）数据

"四史"教育融入大中小学思政课一体化研究／郭巧云，王学民，
杜钢清著. —武汉：武汉大学出版社，2024.7
ISBN 978-7-307-24347-7

Ⅰ.四…　Ⅱ.①郭…　②王…　③杜…　Ⅲ.①高等学校—思想
政治教育—教学研究—中国　②政治课—教学研究—中小学
Ⅳ.①G641　②G633.202

中国国家版本馆 CIP 数据核字（2024）第 068975 号

责任编辑：白绍华　　　责任校对：李孟潇　　　版式设计：马　佳

出版发行：武汉大学出版社　（430072　武昌　珞珈山）
　　　　　（电子邮箱：cbs22@whu.edu.cn　网址：www.wdp.com.cn）
印刷:武汉邮科印务有限公司
开本:720×1000　1/16　　印张:12.5　　字数:179 千字　　插页:1
版次:2024 年 7 月第 1 版　　2024 年 7 月第 1 次印刷
ISBN 978-7-307-24347-7　　　定价:59.00 元

目　　录

第一章 "四史"教育：大中小学思政课 一体化建设的着力点

统筹推进大中小学思想政治理论课(以下简称"思政课")一体化建设是我国在新时代背景下促进整个思想政治教育事业创新发展的基本要求。中共党史、新中国史、改革开放史、社会主义发展史(以下简称"四史")在思政课学科体系中具有独特功能，是落实立德树人根本要求、为学生系好人生"第一粒扣子"的重要一环，是解决"培养什么人、怎样培养人、为谁培养人"的必要一步，是推进大中小学思政课一体化建设的关键所在。

一、"四史"教育：内在逻辑、主题及特点

欲知大道，必先为史。"四史"是中华民族5000年历史演进的延续，也是中国近代以来历经沧桑从低潮走向复兴的真实记录，时长分别为100多年、70多年、40多年、500多年。习近平总书记指出："要深化党的创新理论学习教育，推动理想信念教育常态化制度化，加强党史、新中国史、改革开放史、社会主义发展史教育，加强爱国主义、集体主义、社会主义教育，引导人们坚定道路自信、理论自信、制度自信、文化自信，促进全体人民在思想上精神上紧紧团结在一起。"[1]中共中央办公厅印发的《关于在全社会开展党史、新中国史、改革开放史、社会主义发展史宣传

---

[1] 习近平：《在教育文化卫生体育领域专家代表座谈会上的讲话》，《人民日报》2021年09月23日02版。

教育的通知》强调，要围绕庆祝中国共产党成立 100 周年，在全社会广泛开展党史、新中国史、改革开放史、社会主义发展史宣传教育，普及党史知识，推动党史学习教育深入群众、深入基层、深入人心。① 准确把握"四史"内在逻辑关系及其主题、特点，分清主流支流，对更好地实现"四史"教育目标和推进大中小学思政课一体化建设意义重大。

(一)"四史"教育的内在逻辑

"四史"就是一部在马克思主义指导下，中国共产党从实际出发不断进行理论和实践创新的历史，是中国特色社会主义道路的特殊性和世界社会主义发展的普遍性相结合的历史。从内容看，党史是中国共产党带领中国人民为实现民族独立、推进社会主义建设事业和中华民族伟大复兴事业不断奋斗的历史，新中国史侧重于新中国成立以来我国政治、经济、文化、社会、生态等领域取得的辉煌成就，改革开放史侧重于十一届三中全会以后党和国家探索中国特色社会主义道路的历史，这三者都突出了中国特色社会主义道路的特殊性。社会主义发展史则是从世界社会主义运动的宏大视野，总结社会主义发展的一般规律及中国特色社会主义道路的世界意义，突出的是社会主义发展的普遍性。可以说，"四史"各有主题和主线，但相互之间存在着交错重合的地方。前三史的时长是由长到短的顺序排列，按此逻辑，500 年社会主义发展史应放在首位，即"社会主义发展史、党史、新中国史、改革开放史"的顺序。但系统梳理习近平总书记关于"四史"的论述，发现他在提及"四史"时，总是按照党史、新中国史、改革开放史、社会主义发展史的固定顺序。这蕴含了深刻的大历史观，要求我们必须把"四史"作为一个整体来进行分析和把握。

1. "四史"的逻辑顺序蕴含深刻的大历史观

在 2021 年 2 月 20 日的党史学习教育动员大会上，习近平总书记指出：

① 《中办印发〈通知〉 在全社会开展党史、新中国史、改革开放史、社会主义发展史宣传教育》，《人民日报》2021 年 05 月 26 日 01 版。

"要教育引导全党胸怀中华民族伟大复兴战略全局和世界百年未有之大变局，树立大历史观，从历史长河、时代大潮、全球风云中分析演变机理、探究历史规律，提出因应的战略策略，增强工作的系统性、预见性、创造性。"①大历史观是正确看待和推动历史发展的科学历史观。

"大历史观"就是把微观的历史事件、历史人物或中观的历史阶段、历史时期放在宏观的、长时段的历史中进行考察和认识，以总结历史经验、把握历史规律、洞察历史趋势。具体来讲，大历史观包含四层含义。一是从时间维度看，它跳出一定历史阶段，把历史阶段放在过去、现在、未来中来把握，即长远史观；二是从空间维度看，它跳出一定历史空间（或历史局部），从世界历史发展进程看历史空间（历史局部），即世界史观；三是从主题维度看，它跳出历史片段、历史细节和历史碎片，用历史主题把历史片段、历史细节、历史碎片统领起来，即整体史观；四是从本质维度看，它跳出历史现象，走向历史深处，分析历史演变机理，抓住历史本质，探究历史规律，即规律史观。

大历史观要求我们用唯物史观、唯物辩证法来看待历史，即要透过历史现象把握历史本质，用具体历史的观点、客观全面的观点、联系发展的观点来看待历史。科学准确地理解"四史"，就要把"四史"置于5000多年中华文明史、500多年世界社会主义运动史、180年来中国人民追求民族独立与国家富强的艰苦奋斗史中来理解。

从大历史观看，中国是世界中的中国，中国历史是世界历史的一部分。"四史"之间不是逻辑递进关系，也不是平行关系，而是"3+1"的关系。② "四史"的逻辑顺序跳出了一定历史阶段、跳出了历史局部、跳出了历史细节和历史碎片、跳出了历史现象的局限，蕴含着丰富的大历史观。社会主义是从整体上把握"四史"的关键词和联结点。中国共产党在马克思主义（包含社会主义理想）指导下的不懈奋斗、理论创新、自身建设的历

---

① 习近平：《在党史学习教育动员大会上的讲话》，《求是》2021年第7期。
② 王雪超：《"四史"内在逻辑关系及其融入"纲要"课的路径探析》，《思想理论教育导刊》2021年第2期。

史，就是党史；中国共产党领导中国人民进行社会主义革命、建设和改革的历史，就是新中国史；中国共产党领导人民开辟、坚持、发展中国特色社会主义的历史，就是改革开放史；社会主义发展史就是社会主义从空想到现实、从理论到实践、从一国到多国的曲折发展史。

社会主义的曲折发展史是从世界视野审视中国历史的重要切入点。可以说，社会主义发展史是贯穿其他"三史"的时代背景和世界视野，其他"三史"是社会主义在中国本土化和具体化过程中形成的。贯穿其中的标志性历史事件，即创党、建国、改革开放，分别构成党史、新中国史、改革开放史。建立中国共产党、成立中华人民共和国、推进改革开放和中国特色社会主义事业，是五四运动以来我国发生的三大历史性事件，是近代以来实现中华民族伟大复兴的三大里程碑。

2. "四史"之间关联密切，内容各自侧重

"四史"既密切联系又各有侧重，是一个科学完整的体系，生动展现了中国共产党领导人民实现民族解放的历史，中国特色社会主义建设取得伟大成就的历史，中华民族走向伟大复兴的历史和社会主义运动改变人类世界的历史。因此，"四史"教育既要统筹推进，又要以党史为重点，突出各自特点，讲清楚中国共产党为什么能、马克思主义为什么行、中国特色社会主义为什么好，从而明理增信崇德力行。

（1）"四史"之间接续传承、融会贯通，在内容上是关联的。社会主义发展史起始最早，社会主义从空想到科学的发展，产生了马克思主义。马克思主义与中国工人运动相结合，产生了中国共产党。中国共产党领导人民艰苦奋斗，建立了新中国。在新中国发展的基础上，进行了改革开放。从社会主义发展史角度，党史、新中国史、改革开放史都是社会主义发展史的不同阶段的展开；从党史角度，社会主义发展史是党史的源头，新中国史、改革开放史是党的成果，"四史"是一部延展的大党史；从新中国史、改革开放史角度，社会主义发展史、党史落脚到当下，就集中体现到社会主义的建设和改革之中。

"四史"不是孤立的、割裂的，它们在历史、理论、实践逻辑上是有着密切关联的：科学社会主义理论的产生，推动社会主义从理论走向实践，包括俄国十月革命胜利与苏联社会主义建设；十月革命给中国送来了马克思列宁主义，成为中国共产党创建的重要条件；党领导人民进行革命的历史，是以社会主义为取向建立新社会、新国家的历史。以 1949 年为起点的新中国史，是党领导人民建设社会主义、推进改革开放的历史，也是探索中国特色社会主义、推动社会主义从一种模式走向多种形态的历史；改革开放史既是中共党史、新中国史，也是社会主义在中国深入发展的历史，即一以贯之地坚持和完善中国特色社会主义的历史。这样可以让学生更深刻地体会红色政权来之不易、新中国来之不易、中国特色社会主义来之不易，进一步明白我们是谁以及从哪里来、往哪里去。

（2）"四史"各有独特性和重点，内容各有侧重。从历史顺序和周期看，社会主义发展史最长，其次是中共党史、新中国史，最短的是改革开放史。从 500 多年社会主义发展史看，其他三个历史不包括中国共产党成立前的 400 多年，也不包括中国之外的世界社会主义理论和实践的内容；百年党史比社会主义发展史更详细、更聚焦于中国，而新中国史和改革开放史不包括党成立到新中国成立前的历史；新中国史对新中国成立以来历史的相关阐述比中共党史更详细，从新中国成立到改革开放前的历史是改革开放史所没有的；相比其他三个历史，改革开放史对改革开放以来的阐述则更为详细。之所以是"四史"而不是"一史"，是因为每个历史都有内容上的独特性和重点。要在"四史"教育中结合各门历史的特点，讲清楚中国共产党为什么能、马克思主义为什么行、中国特色社会主义为什么好等重大问题，不能以其中"一史"代替其他"三史"。可以说，从内容来看，"四史"中的任何"一史"都是大部头、大容量。因此，有效推进"四史"学习教育，不能简单地断代，也不能"眉毛胡子一把抓"，而要抓重点、分层次、依次递进。

（二）"四史"教育的主题

"四史"教育要讲清"四史"之间内容上的区别、逻辑上的关联，关键就是要从学理上搞清楚、弄明白"四史"教育的主题主线，确保学习教育活动不跑偏、不走样。"四史"教育要以学习宣传贯彻习近平新时代中国特色社会主义思想为主线，使广大青年学生通过了解中国共产党为国家和民族作出的伟大贡献形成对党的初心宗旨的认同，自觉做中国特色社会主义的坚定信仰者、忠实实践者，在全面建设社会主义现代化国家伟大实践中建功立业。同时要明确"四史"教育的主题，避免入细入微讲得多、宏观大局讲得少，"只见树木不见森林"；避免因缺少主题而不得要领、聚焦度不够，"此时学、彼时学一个样"或"学一史、学两史、学三史一个样"等误区。

1. 党史要聚焦于中国共产党成立以来的奋斗历程和精神谱系

中国共产党的历史，是 1921 年中国共产党成立以来，党领导中国人民进行革命、建设、改革的历史。从中国共产党的成立到新中国成立之前的历史，是新中国史和改革开放史所没有的，与社会主义发展史相比，则更详细、更聚焦于中国。在这段历史中，关于中国共产党的创立这一开天辟地的大事变，关于土地革命、抗日战争、解放战争，关于中国革命新道路的开辟与探索，关于毛泽东思想等，在中国共产党历史中占据重要地位。

党史教育要突出"复兴"的主题。[1] 习近平总书记高度重视党史学习，明确指出："要加强党史学习和教育，努力从党走过的风云激荡的历史中、从党开创和不断推进的伟大事业中、从全心全意为人民服务的根本宗旨和长期实践中，深化对党的信赖，坚定对党的领导的信念。"[2]在马克思主义与工人运动相结合进程中应运而生的中国共产党，矢志为中国人民谋幸福、为中华民族谋复兴。"实现中华民族伟大复兴"构成百年党史的主题，

---

① 王炳林，刘奎：《关于"四史"融入思想政治理论课的思考》，《思想教育研究》2021 年第 8 期。

② 习近平：《以史为镜、以史明志，知史爱党、知史爱国》，《求是》2021 年第 12 期。

此即百年党史的本质所在。围绕实现中华民族伟大复兴，党进行的不懈奋斗史、理论探索史和自身建设史，是贯穿百年党史的主线；党在革命、建设和改革的历史实践中，把马克思主义基本原理同中国具体实际和中华优秀传统文化相结合，不断进行艰辛探索，产生了一系列马克思主义中国化的理论成果；把党建设好，始终保持先进性和纯洁性，是推动理论和实践创新的前提条件。在大中小学思政课中进行党史教育，可以从内容上对党的不懈奋斗史、理论探索史和自身建设史进行区分，但不应将三者截然分开，而要将其作为一个连贯的整体，以革命、建设和改革的实践历程为主体，将党的理论创新和自我建设贯穿其中。

百年党史中，有胜利也有失败，有正确也有失误，关键是要弄清何者居于主导地位，何者居于次要地位。党史的主流，是相对于支流而言，即相对于党的历史上曾出现过的挫折和失误而言。党的历史上取得的成就和进步是主流，即为了实现中华民族伟大复兴，党带领人民"创造了新民主主义革命的伟大成就""创造了社会主义革命和建设的伟大成就""创造了改革开放和社会主义现代化建设的伟大成就""创造了新时代中国特色社会主义的伟大成就"①。这是当前对党史主流的权威表达，应贯穿于大中小学思政课一体化建设的始终。

党史教育融入大中小学思政课，要聚焦于中国共产党成立以来的奋斗历程和精神谱系，着重讲清楚中国共产党的性质和宗旨，中国共产党为国家和民族作出的重大贡献，为什么要始终坚持党的领导。百余年来，中国共产党筚路蓝缕奠基立业、饱经磨难而风华正茂，不仅领导人民改造旧世界，而且领导人民建设了新国家，在中国革命、建设和改革的奋斗历程中构筑起中国共产党人的精神谱系。所谓谱系，是生成于同一源头而繁衍扩展成的庞大体系。透过厚重的党的奋斗史，我们能深刻感受到一脉相承交融互通的精神链条：形成于新民主主义革命时期的红船精神、井冈山精神、长征精神、西柏坡精神等；形成于社会主义革命和建设时期的抗美援

---

① 《习近平谈治国理政》第 4 卷，外文出版社 2022 年版，第 4-6 页。

朝精神、"两弹一星"精神等；形成于改革开放新时期的以伟大改革开放为代表的系列精神；形成于中国特色社会主义新时代的以奋斗为主题、以伟大抗疫精神和脱贫攻坚精神为代表的系列精神。党史教育融入大中小学思政课，要牢牢抓住这一精神谱系的主线，呵护精神标杆、擦亮精神丰碑，弘扬其中蕴含的大德、公德、私德，进而厚植起实现中华民族伟大复兴的思想家园。

2. 新中国史要聚焦于新中国成立以来的艰难曲折和伟大飞跃

新中国史，是1949年中华人民共和国成立以来，中国共产党带领中国人民为实现国家繁荣富强、民族振兴发展和人民幸福的任务而艰辛探索、不懈奋斗的历史。从新中国成立到改革开放之前的这段历史是改革开放史中所没有的，与中共党史相比，论述则更为详细。从视角来看，"国史"视角与"党史"的视角也有所区别。这段历史中，关于中华人民共和国的成立、关于社会主义制度的建立、关于社会主义建设的艰辛探索，在新中国史中占据重要地位。

新中国史要突出"发展"的主题。新中国史是中华民族五千年文明史、近代以来百年斗争史中极为辉煌的一段历程，其主题就是加快发展、实现现代化、走向民族复兴。中华人民共和国的成立和发展，告别了过去那个积贫积弱、任人宰割的旧中国，真正扭转了近代以来中国落后挨打的局面，中华民族实现伟大复兴拥有了光明前景。党团结带领人民百折不挠、筚路蓝缕，接续开辟社会主义革命、建设和改革的历程，中华民族迎来了从站起来、富起来到强起来的伟大飞跃，构成70多年新中国史的主线。从最初创造性探索社会主义革命道路、曲折探索社会主义建设道路到成功开创中国特色社会主义道路再到将中国特色社会主义推进到新时代，在百折不挠的接续探索中，几代中国共产党人成功走出一条通往民族复兴的康庄大道，走出一条开启人类文明新形态的人间正道。

新中国史宏大绚丽，有胜利辉煌，也有失误曲折。国内外某些心怀叵测的人秉持唯心史观、采用错误的历史分析方法，违背事实、颠倒主流与支流，拿新中国史上的挫折大做文章，将新中国史简化为"大跃进""文化大革命"，对新中国在发展生产、建立独立的比较完整的国民经济体系、维护世界和平等主要方面却选择性失明。对此，必须坚持唯物史观，既不回避失误曲折，也不否定成就，正确分析和评价重大事件、会议和人物，澄清模糊认识和片面理解，牢牢把握新中国史的主流，认识到党团结带领人民百折不挠、艰苦奋斗、改天换地，在推进社会主义革命、建设和改革的伟大实践中，使中国迎来了从落后时代、赶上时代到引领时代的伟大飞跃。

新中国史教育融入大中小学思政课，要聚焦于新中国成立以来的艰难曲折和伟大飞跃。要立足新中国成立 70 年来实现从站起来到强起来、迎来从富起来到强起来的伟大飞跃和发展进步，重点阐释新中国的性质、发展历程、取得的伟大成就以及为什么要坚持和捍卫新中国的基本制度等问题，深入总结新中国的辉煌成就、宝贵经验，弘扬中国精神、凝聚中国力量，循序渐进地引导大中小学生认识到走中国特色社会主义道路的必然性、知史爱党、知史爱国，坚定马克思主义信仰、中国特色社会主义信念、中华民族伟大复兴的信心，做时代的艰苦奋斗者。

3. 改革开放史要聚焦于改革开放以来的伟大实践和辉煌成就

改革开放史，是 1978 年召开党的十一届三中全会以来，中国共产党和中国人民在理论与实践中，推进改革开放和社会主义现代化建设的历史过程。这段历史对改革开放以来的阐述，比之其他三个历史更为详细。其中，有关党的十一届三中全会、有关改革开放、有关社会主义市场经济、有关中国特色社会主义进入新时代等与现实紧密相连、相互交融的鲜活历史，构成改革开放史的核心内容。

改革开放史要突出"创新"的主题。解放思想、开拓创新给国家、民族和人民都带来了巨大变化。习近平总书记指出："我们党的历史，就是一部不断推进马克思主义中国化的历史，就是一部不断推进理论创新、进行理论创造的历史。"①理论创新是先导，推动制度创新、科技创新、文化创新等其他方面的创新。通过把握改革开放史的"创新"这一主题，我们可以深刻理解改革开放成功的秘诀。改革开放是决定当代中国命运的关键抉择，是中国特色社会主义的历史和逻辑起点。中国特色社会主义的开创和发展构成波澜壮阔、成就辉煌的改革开放史的主题。1992 年邓小平南方谈话、党的十四大、世纪之交特别是 2002 年党的十六大、2012 年党的十八大等几个历史节点成为改革开放史上最鲜明的时代记忆，贯穿其中的主线就是党团结和带领人民不断总结经验教训，推进改革开放和社会主义现代化建设，成功开创中国特色社会主义道路、理论、制度、文化，中国人民实现了从温饱不足到小康富裕的历史性飞跃。当然，由于城乡、区域、各阶层间的差距，人们对改革开放的发展成就会产生认识上的困惑。这就需要坚持唯物史观，澄清历史是非，客观分析改革开放历史进程中遇到的问题，牢牢把握改革开放取得的伟大成就这一历史主流。

改革开放史教育融入大中小学思政课，要聚焦于改革开放以来的伟大实践和辉煌成就。通过对党的十一届三中全会、社会主义市场经济、中国特色社会主义进入新时代等与现实交融的鲜活改革开放史教育，循序渐进地引导大中小学生深刻理解实行改革开放的必要性及其伟大成就、新时代坚持全面深化改革和扩大开放不动摇的必要性，深刻理解改革开放以来取得巨大成就的原因在于我们始终坚持发展为第一要务、始终坚持改革为根本动力、始终坚持开放的基本国策、始终坚持和发展中国特色社会主义的战略定力，以自己的实际行动自觉肩负起青春责任和时代使命。

4. 社会主义发展史要聚焦于世界社会主义运动的历史演进和开拓创新

社会主义发展史，是世界社会主义经历从空想到科学、理论到实践和

---

① 习近平：《在党史学习教育动员大会上的讲话》，《求是》2021 年第 7 期。

一国到多国的发展过程。社会主义在曲折发展中开拓前进，推动了人类文明进程，构成贯穿500多年社会主义发展史的宏大主题。从中国特色社会主义的历史源流来看，"空想社会主义产生和发展""马克思恩格斯创立科学社会主义理论体系""列宁领导十月革命胜利并实践社会主义""苏联模式逐步形成""新中国成立后我们党对社会主义的探索和实践""我们党作出进行改革开放的历史性决策、开创和发展中国特色社会主义"这六个时间段则是贯穿世界社会主义发展史的主线。社会主义发展史是一部鸿篇巨制，170年前马克思、恩格斯创立的科学社会主义理论体系无疑是这部巨制的主流。我们党开创和发展的中国特色社会主义则是这部巨制中最新、最精彩的华丽篇章，使科学社会主义在21世纪的中国焕发出强大生机活力。

社会主义发展史要突出"信仰"的主题。社会主义发展史教育融入大中小学思政课，要把握"信仰"这一主题，聚焦于世界社会主义运动的历史演进和开拓创新。通过对500多年社会主义演进的理论和历史逻辑，社会主义在中国的兴起与发展、新时代中国特色社会主义在世界社会主义发展史上的历史方位、意义等方面开展社会主义发展史教育，循序渐进引导大中小学生养成历史思维、饱含中国情怀、树立全球视野，深刻理解马克思主义的真理性、社会主义代替资本主义的必然性，理解社会主义是人间正道，理解中国特色社会主义在建设世界社会主义发展史上具有里程碑式的意义，进而坚定中国特色社会主义道路自信、理论自信、制度自信、文化自信。

总之，抓住"四史"学习教育主题，就能更容易理解中国特色社会主义理论的系统性、整体性、逻辑性和开放性。通过"四史"教育，引导广大青少年学生学习其间蕴含的历史唯物主义立场、观点、方法，增强历史意识，培养历史思维，从历史发展规律和时代进步潮流中得到启迪，从历史中看到当前的发展方向与前景，自觉按照历史规律和历史发展的辩证法去办事；引导广大青少年学生准确把握"四史"的主题主线、主流本质，明确历史发展不是一条直线，党的百年奋斗历程中的成就和正面经验是主要的，也要郑重对待发展过程中的曲折坎坷，正确认识并科学评价党史上的重大事件、重要会议、重要人物，旗帜鲜明地反对历史虚无主义。

(三)"四史"教育的特点

"四史"的特点体现"四史"教育的性质，蕴含"四史"教育的目的。总结"四史"的特点，对于理解"四史"教育的性质及其任务具有十分重要的意义。

1. 政治性

马克思恩格斯指出："统治阶级的思想在每一个时代都是占统治地位的思想"，"一个阶级是社会上占统治地位的物质力量，同时也是社会上占统治地位的精神力量"，"占统治地位的思想不过是占统治地位的物质关系在观念上的表现，不过是以思想的形式表现出来的占统治地位的物质关系"。① 经济基础和上层建筑的关系，本来是很清楚明了的，马克思和恩格斯在论述经济基础的决定作用时，也肯定上层建筑的反作用。但是在 19 世纪 90 年代，马克思恩格斯的历史唯物主义被曲解为"经济唯物主义"。对此，恩格斯晚年在重申"历史过程中的决定性因素归根到底是现实生活的生产和再生产"这一根本观点的同时，指出："政治等等的前提和条件，甚至那些萦回于人们头脑中的传统，也起着一定的作用，虽然不是决定性的作用"②，"政治、法、哲学、宗教、文学、艺术等等的发展是以经济发展为基础的。但是它们又都相互作用并对经济基础发生作用"，"这是在归根到底不断为自己开辟道路的经济必然性的基础上的相互作用"③，明确提出了上层建筑的相对独立性及其反作用。

作为上层建筑领域的"四史"教育，不是一般的历史教育，而是以历史为基础的政治教育。历史观是世界观、人生观、价值观的重要基础。把好"四史"教育的政治方向，事关党的前途命运，事关国家长治久安，事关民

---

① 《马克思恩格斯选集》第 1 卷，人民出版社 2012 年版，第 178 页。
② 《马克思恩格斯选集》第 4 卷，人民出版社 2012 年版，第 605 页。
③ 《马克思恩格斯选集》第 4 卷，人民出版社 2012 年版，第 649 页。

族凝聚力和同心力。当前，要警惕历史虚无论者运用新历史主义和建构主义等方法，妄图对"四史"特别是党史和新中国史进行解构、重评和重构。他们故意歪曲史实，甚至杜撰"历史"，在个别媒体特别是互联网上大肆散布和传播旨在抹黑、歪曲和诋毁"四史"的言论，对部分青少年学生产生误导和消极影响。因此，正本清源、加强"四史"教育，必须把正确的政治方向摆在第一位。

2. 目的性

马克思说，"（人）使自己的生命活动本身变成自己意志的和自己意识的对象。他具有有意识的生命活动。有意识的生命活动把人同动物的生命活动直接区别开来"①，"最蹩脚的建筑师从一开始就比灵巧的蜜蜂高明的地方，是他在用蜂蜡建筑蜂房以前，已经在自己的头脑中把它建成了。劳动过程结束时得到的结果，在这个过程开始时就已经在劳动者的表象中存在着，即已经观念地存在着"。② 人的活动的整个过程，就是围绕"观念地存在着"的目标和蓝图而进行的。"在社会历史领域内进行的活动，是具有意识的、经过思虑或凭激情行动的、追求某种目的的人；任何事情的发生都不是没有自觉的意图，没有预期的目的"，"无论历史的结局如何，人们总是通过每一个人追求他自己的、自觉预期的目的来创造他们的历史"③，任何教育工作都具有明确的目的性，任何教育的内容都是为了实现一定目的服务的。"四史"教育的目的在于通过历史的教育，帮助学生树立正确的历史观，引导学生深刻领会"四史"中蕴含的马克思主义立场、观点和方法，深刻认识中国为什么选择马克思主义、为什么选择中国共产党、为什么选择社会主义、为什么选择改革开放，深刻理解中华民族从站起来、富起来到强起来的历史逻辑、理论逻辑和实践逻辑，增强听党话、跟党走的思想自觉和行动自觉，有效提升政治认同、思想认同、情感认同，坚定对

---

① 《马克思恩格斯选集》第1卷，人民出版社2012年版，第56页。
② 《马克思恩格斯选集》第2卷，人民出版社2012年版，第170页。
③ 《马克思恩格斯选集》第4卷，人民出版社2012年版，第253-254页。

马克思主义的信仰、对中国特色社会主义的信念、对中华民族伟大复兴中国梦的信心，以昂扬姿态为全面建设社会主义现代化国家而努力奋斗。因此，"四史"教育的根本目的在于以史鉴今、立德树人。

3. 时代性

马克思指出："每一个时代的理论思维，包括我们时代的理论思维，都是一种历史的产物，它在不同的时代具有完全不同的形式，同时具有完全不同的内容。"[1]习近平总书记指出："时间之河川流不息，每一代青年都有自己的际遇和机缘，都要在自己所处的时代条件下谋划人生、创造历史。青年是标志时代的最灵敏的晴雨表，时代的责任赋予青年，时代的光荣属于青年。"[2]"当前，我国处于近代以来最好的发展时期，世界处于百年未有之大变局，两者同步交织、相互激荡。"[3]处于我们国家最好时代的青年学生，肩负着实现中华民族伟大复兴的历史使命。今天，我们比历史上任何时期都更接近、更有信心和能力实现中华民族伟大复兴的目标，同时必须清醒认识到，中华民族伟大复兴绝不是轻轻松松、敲锣打鼓就能实现的，前进道路上仍然存在可以预料和难以预料的各种风险挑战。要通过"四史"教育，引导学生理解中国共产党人的初心与使命，深刻认识中国特色社会主义的本然和应然，认识到中华民族迎来了从站起来、富起来到强起来的伟大飞跃，更好地把握中国发展的大势，以贯通中华民族的过去、现在和未来的大历史视野，明确贡献时代发展大局的方位，树立使命意识，自觉地把自己的志向和国家民族的命运紧密联系起来。

4. 实践性

"全部社会生活在本质上是实践的。""四史"教育的实践性是"四史"教育的现实性和"四史"教育的价值的实效性的统一，在社会生活中表现为与

---

① 《马克思恩格斯文集》第9卷，人民出版社2009年版，第436页。
② 《习近平谈治国理政》第1卷，外文出版社2018年版，第167页。
③ 《习近平谈治国理政》第3卷，外文出版社2020年版，第428页。

其他实践活动的结合与渗透。其一，"四史"教育只能是从现实的人、具体的人出发来开展教育工作。马克思恩格斯指出，"全部人类历史的第一个前提无疑是有生命的个人的存在"①，这里的人，"不是处在某种虚幻的离群索居和固定不变状态中的人，而是处在现实的、可以通过经验观察到的、在一定条件下进行的发展过程中的人"②。现实的人是从事物质生产活动的，包括已有的和由他们自己的活动创造出来的物质生活条件，现实的人本身就是实践活动的主体。人的思想，虽然是一种主观形态，但它产生的基础和根源，发展变化的动力，只能是人的实践活动。其二，"四史"教育是通过历史教育，引导学生理解历史和人民为什么选择马克思主义、为什么选择中国共产党、为什么选择社会主义、为什么选择改革开放，理解中国共产党为什么能、马克思主义为什么行、中国特色社会主义为什么好，增强历史自觉，贯通过去、现在和未来，从而明理增信崇德力行，激发干事的信心和动力。这些归根结底来自社会实践。其三，"四史"教育的效果只能靠实践来检验。实践是检验认识真理性的唯一标准。正如马克思指出的："人的思维是否具有客观真理性，这不是一个理论的问题，而是一个实践的问题。人应该在实践中证明自己的思维的真理性，即自己思维的现实性和力量，自己思维的此岸性。"③要强调思想政治工作的实效性，实现思想政治工作的价值，必须深刻认识和把握思想政治工作理论的实践性这一特征。要强调"四史"教育的价值的实效性，实现"四史"教育的目的，必须深刻认识和把握"四史"教育的实践性这一特征。

5. 系统性

"四史"涉及的时空跨度大，其内容相互交错、彼此交织，构成一个多层次、多内涵的系统的内容体系，是学校思政课教育的丰富资源。这些内容和体系中，有理论内容与实践内容；有历史内容、现实内容和时代内

---

① 《马克思恩格斯选集》第1卷，人民出版社2012年版，第146页。
② 《马克思恩格斯选集》第1卷，人民出版社2012年版，第153页。
③ 《马克思恩格斯选集》第1卷，人民出版社2012年版，第134页。

容；有主导性内容与多样性内容，等等。我们要根据不同的教育目的、教育环境、教育对象，有针对性地选择教育内容形成体系，实施教育工作。这样，才能相互配合，形成合力。

二、以"四史"教育为着力点推进大中小学 思政课一体化建设

大中小学思政课一体化建设，重在建设具有衔接性和连贯性的思政课体系，以改变思政教育教学中存在的封闭割裂、内容超前、简单重复、与学生认知阶段脱节或不对应的设计性缺陷。思政课一体化建设是一项系统而又复杂的工程，历史观的培养和锤炼是其不可或缺的重要内容。当前，中华民族伟大复兴与世界百年未有之大变局共同演绎出 21 世纪世界历史的大变局，意识形态领域竞争愈加尖锐，其中"四史"问题尤显突出。立足时代要求，把加强"四史"教育作为创新大中小学思政课课程体系、改革教学内容的重点，是未来思政课一体化建设的重要方向。

(一) 大中小学思政课一体化建设的时代意蕴

"教育是国之大计，党之大计，承担着立德树人的根本任务。思政课是落实立德树人根本任务的关键课程，发挥着不可替代的作用。"①我们党历来高度重视思政课建设。在革命、建设、改革各个历史时期，我们党对思政课建设都作出过重要部署，并随着形势的发展和变化，不断调整思政课的内容，但开设思政课的初心不改，即引导学生树立正确的世界观、人生观和价值观，培养德智体美劳全面发展的社会主义建设者和接班人。中华人民共和国成立 70 多年来，思政课已成为学校思想政治工作的主渠道、主阵地，发挥着不可替代的重要作用。进入新时代，如何建设好思政课，

---

① 《中办国办印发〈意见〉 深化新时代学校思想政治理论课改革创新》，《人民日报》2019 年 08 月 15 日 01 版。

充分发挥思政课立德树人的关键作用,必须久久为功、行稳致远。2019年3月18日,习近平总书记在学校思想政治理论课教师座谈会上强调:"要把统筹推进大中小学思政课一体化建设作为一项重要工程,坚持问题导向和目标导向相结合,坚持守正和创新相统一,推动思政课建设内涵式发展。"①其后,《关于深化新时代学校思想政治理论课改革创新的若干意见》明确提出:"统筹大中小学思政课一体化建设,推动各类课程与思政课建设形成协同效应。"②思政课一体化建设在党的文件中正式提出。思政课一体化是指在"解决好培养什么人、怎样培养人以及为谁培养人"这个根本问题的前提下,在大中小学各个学段根据横向贯通、纵向衔接的原则,遵循教育教学规律、学生认知规律和学生成才规律,在教学要素的不同方面探索一体化架构,以期形成思政课教学循序渐进、螺旋上升的教学序列,不断提升思政课教学的成效。

1. 大中小学思政课一体化建设是培养社会主义建设者和接班人的重要保障

培养社会主义建设者和接班人是教育的根本任务,而大中小学思政课一体化建设是"培养一代又一代社会主义建设者和接班人的重要保障"③。

(1)培养社会主义建设者和接班人是教育的根本任务。教育目的是一个国家对培养人的总的要求,是教育过程的长期目标,它体现了一个国家的教育价值观,即"培养什么人"以及"为谁培养人"。"培养什么人"是我国社会主义教育始终关心的首要问题。1957年毛泽东在《关于正确处理人民内部矛盾的问题》中指出:"我们的教育方针,应该使受教育者在德育、智育、体育几方面都得到发展,成为有社会主义觉悟的有文化的劳动者。"

---

① 《习近平谈治国理政》第3卷,外文出版社2020年版,第331-332页。
② 《中办国办印发〈意见〉 深化新时代学校思想政治理论课改革创新》,《人民日报》2019年08月15日01版。
③ 习近平:《思政课是落实立德树人根本任务的关键课程》,《求是》2020年第17期。

改革开放后，邓小平强调："把毛泽东同志提出的培养德智体全面发展、有社会主义觉悟的有文化的劳动者的方针贯彻到底，贯彻到整个社会的各个方面。"2018年9月10日习近平总书记在全国教育大会上的讲话中指出："培养什么人，是教育的首要问题。我国是中国共产党领导的社会主义国家，这就决定了我们的教育必须把培养社会主义建设者和接班人作为根本任务，培养一代又一代拥护中国共产党领导和我国社会主义制度、立志为中国特色社会主义奋斗终身的有用人才。"①

我们的教育是为人民服务、为中国特色社会主义服务、为改革开放和社会主义现代化建设服务的，党和人民需要培养的是社会主义建设者和接班人。这是我们党的教育方针，是我国各级各类学校的共同使命。当今时代国际竞争日趋激烈，科技创新作用日益凸显，党和国家事业发展对教育的需要，对科学知识和优秀人才的需要，比以往任何时候都更为迫切。教育兴则国家兴，教育强则国家强。我们的教育只有把培养社会主义建设者和接班人作为根本任务，才能为实现"两个一百年"奋斗目标、实现中华民族伟大复兴的中国梦提供强有力的人才、智力和科技支撑。

（2）统筹推进大中小学思政课一体化建设是培养一代又一代社会主义建设者和接班人的重要保障。学校要培养担当民族复兴大任的时代新人，培养德智体美劳全面发展的社会主义建设者和接班人，都离不开思想政治的教育、引导和熏陶，同时必须遵循教育规律、循序渐进。思政课是落实立德树人根本任务的关键课程，要在大中小学不同学段培养德智体美劳全面发展的社会主义建设者和接班人。而当前大中小思政课的学段衔接不够，思政课教育目标、课程目标和教学目标缺乏科学的一体化规划和管理。学校思政课一体化，就是为了全面贯彻党的教育方针，通过顶层设计，改善不同学段教育目标、教学内容、教学手段，在一定的学段中，提供最适合他们理解水平和接受能力的思政养分，在内容的分布和深度上进

---

① 习近平：《坚持中国特色社会主义教育发展道路　培养德智体美劳全面发展的社会主义建设者和接班人》，《人民日报》2018年09月11日01版。

行合理布局、科学分工,即各学段"守好一段渠",以更好地提高人才质量,更好地实现教育目标。

思政课贯穿于大中小学各个学段,伴随着学生成长成才全过程。思政课一体化建设是一项教育领域中的系统工程,涉及诸多方面,必须要进行顶层设计、统筹推进。首先,各学段思政课方案要贯彻"一体化"理念。要针对不同学段学生特点、思想政治理论教育规律和学生成长规律,科学合理地进行思政课高屋建瓴式的顶层设计,研制思政课程建设"一揽子"方案,绘好"路线图",确定"任务书",列出"时间表",形成大中小学思政课一体化建设的"四梁八柱"。其次,各学段思政课实施要体现"一盘棋"思想。2017年,国家教材委员会成立,除了统筹大中小学各级各类学校教材建设外,也为德育工作一体化建设和思政课教材一体化设计提供了有效机制。在思政课教材一体化基础上,各学段学校应根据当前学段思政课程的目标任务,合理研制思政课程大纲、课程标准、课程细目等,突出立德树人初心,贯穿育人主线;各级各类思政课教师应注重改革教学方法,创新教学艺术,积极探索信息技术手段先进、方式方法灵活多样、组织管理高效的思政课教学体系。再次,各学段思政课管理要加强网格化意识。大中小学思政课一体化建设既要加强同一区域、同一学段内思政课教师之间的联系,也要加强不同区域、不同学段、不同学校思政教师之间的联系。同时,建立跨地区、跨学校、跨学科的"思政教师共同体""学校联盟协作体"等;创建国家、省、市、县(区)级思政网,建立并发挥思想政治教育学科基地、示范基地、德育实践基地作用。另外,各学段思政课落地要促进思政课教师队伍"术""学""道"深度融合。要发挥大中小学思政课教师教研共同体作用,聚焦如何打通大中小学师资的阶段性阻隔,探索共建、共享、共研模式,有效促进思政课教师"术""学""道"三者的有机融合。最后,在新时代背景下,思政课教师需转变理念,帮助学生在思政课"学、思、悟、行"上见成效。要提升自身人格魅力与学识素养,做到"以德立身、以德立学、以德施教";要注重课堂教学艺术,增强思政课教学的亲和力、吸引力、感染力与可接受性,丰富与创新思政课教学样态;要讲究实际效果，谨防教学要求"一刀切"；要坚持以学生为中心，以"真情、真心、真诚"拉近与学生之间的距离，做塑造学生品格、品行、品位的"大先生"；要注重发挥学生主体作用，调动学生主动性、积极性，提高参与度、创新度，增强学生责任感、成就感、获得感。

2. 大中小学思政课一体化建设是教育规律运行的内在要求

大中小学思政课一体化建设是党中央针对当前思政课存在的问题，适应教育教学规律、学生认知规律和学生成长规律提出的一项重大工程。

（1）大中小学思政课一体化建设是遵循教育教学规律的要求。教育教学的过程是知识学习、能力培养与价值塑造相统一的过程，是促进学生德才兼备、全面健康发展的过程。教育教学规律就是"以整个教育系统为研究对象，揭示教育系统中各要素之间的本质联系，同时也是教育活动的一种必然演变过程"①。它要解决的是"为谁培养人"和"怎样培养人"的问题，是教育者在实践过程中只能利用和遵循而不能违背的原则，涉及教育本质、教育目的、教师、学生、教学等各个因素，包括知识发展与智力发展相统一、教师主导与学生主体互动、理论与实践相统一、显性教育与隐性教育相结合等内容，具有普遍性、实践性、社会性、生成性、目的性等特征，核心是坚持立德树人，以德为先。

思想政治教育的基本规律是指"思想政治教育服从服务于主导意识形态的维护与灌输和受教育者思想政治品德的形成与发展"②。青少年是国家的未来和希望，其价值取向一定程度上决定了一国未来的社会价值取向，其价值观事关社会繁荣发展和意识形态安全。思政课作为落实立德树人根本任务的关键课程，是培养一代又一代社会主义建设者和接班人的重要保障。思政课贯穿青少年成长的各个时期，贯穿于大中小学教育的全过程，在价值观塑造方面发挥着不可替代的关键作用。思政课的教育特性决定了

---

① 侯怀银，刘泽：《"教育规律"解析》，《大学教育科学》2018 年第 4 期。
② 李辽宁：《关于思想政治教育基本规律的思考》，《思想教育研究》2021 年第 7期。

大中小学思政课在教学目标的设定上要循序渐进，引导学生将间接知识转化为个体的认识。但当前教育目标缺乏纵向上的目标统筹，学段间衔接性差，部分学段思政教育目标存在模糊和提前的问题。思政课一体化建设通过顶层设计，规划和改进思政课不同学段的教育目标、教材内容、教学方法、评价体系等，使各学段思政课既符合学生认知水平又符合思政课的整体安排，从根本上提升思政课的辐射力和影响力。这样不仅可以增强青少年学生学习思政课的积极性和主动性，也可以增强其对主流意识形态的情感认同和价值认同。

（2）大中小学思政课一体化建设是遵循学生认知规律的要求。认识的辩证发展发展过程是马克思主义认识论的核心观点。列宁指出，认识真理、认识客观实在的辩证途径就是"从生动的直观到抽象的思维，并从抽象的思维到实践"[①]。毛泽东进一步揭示了认识是在实践基础上由感性认识到理性认识，又由理性认识到实践的飞跃，实践、认识、再实践、再认识，循环往复以至无穷的辩证发展过程。认识的辩证发展过程首先表现为由实践到认识，即在实践基础上形成感性认识，并由感性认识上升到理性认识；其次表现为由认识到实践，即将理性认识的成果运用于实践。由实践到认识和由认识到实践构成了一个相对完整的过程，但受社会发展、思维方式、价值观念等因素的影响，人们对事物的认识并非经历一个相对完整的过程就结束了，而是要经历由实践到认识、再由认识到实践的反复循环。认识的辩证发展过程的观点告诉我们，人的认识是由低到高、由表及里、由感性到理性的一个量变和质变不断发展生成新的认知的螺旋式上升的过程，即"人的认识不是直线（也就是说，不是沿着直线进行的），而是无限地近似于一串圆圈、近似于螺旋的曲线"[②]。

思政课一体化建设遵循了马克思主义认识论关于认识的辩证发展过程的观点，深刻把握了不同学段的学生对事物的理解和接受水平的差异性，

---

① 《列宁专题文集　论辩证唯物主义和历史唯物主义》，人民出版社2009年版，第135页。

② 《列宁选集》第2卷，人民出版社2012年版，第560页。

认识到了随着学段的上升，学生对事物的理解能力会不断增强。思政课的教育对象是大中小学生，其认知发展具有阶段性、顺序性、联系性等特征。不同学段的特征和发展任务均有所不同，这就要求思政课的课程目标、课程内容、教学方法要与大中小学生的认知进程相匹配。本科阶段以理论性学习为主，重在增强使命担当，引导学生矢志不渝听党话跟党走；高中阶段以常识性学习为主，重在提升政治素养，引导学生衷心拥护党的领导和我国社会主义制度；初中阶段以体验式学习为主，重在打牢思想基础，引导学生把党、祖国、人民装在心中；小学阶段以启蒙式学习为主，重在启蒙道德情感，引导学生形成爱党、爱国、爱社会主义、爱人民、爱集体的情感。基于此，思政课一体化建设依据不同学段认知特点分别设置教学内容，实现思政课的阶段化和层次化教学，最终提升思政课教学效果。基于此，大中小学思政课要坚持共性与个性、阶段性与连续性相结合，遵循由易到难、由低到高的教材编写和教学内容设计原则，形成"螺旋上升、循序渐进"的一体化育人格局。

（3）大中小学思政课一体化建设是遵循学生成才规律的要求。"十年树木，百年树人"。顾名思义，成才就是成长为社会需要的人才。学生成才规律是在学生成长过程中所具有的可重复的必然关系或概率性重复的概然关系。其中，既有成才的必然性规律——因果性规律，又有成才的概然性规律——统计性规律；既受内部因素的作用，又受外部因素的影响。"人才培养一定是育人和育才相统一的过程，而育人是本。人无德不立，育人的根本在于立德。这是人才培养的辩证法。办学就要尊重这个规律，否则就办不好学。要把立德树人的成效作为检验学校一切工作的根本标准，真正做到以文化人、以德育人，不断提高学生思想水平、政治觉悟、道德品质、文化素养，做到明大德、守公德、严私德。"①学生成才规律要求在学生先天素质的基础上，通过教育促使学生内在素质演变，在理论、实践等内

---

① 习近平：《在北京大学师生座谈会上的讲话》，《人民日报》2018 年 05 月 03 日第 02 版。

外因素交互作用的基础上，进行创造性的劳动，成长为社会所需要的人才。

人的成长、成熟、成才不是一蹴而就的，而是一个渐进的过程，是阶段性与连贯性的统一。人的思想形成的过程是个体在社会环境的影响下，经由社会实践，"使思想品德诸要素不断平衡发展，知与行从旧质到新质循环往复、螺旋上升，从而形成社会要求的相对稳定的心理特征、思想倾向和行为习惯的外部制约与内在转化有机统一的矛盾运动过程"①。众多教育学、心理学乃至哲学研究理论都认为，学生的成长和发展具有阶段性。如，皮亚杰认知发展阶段理论认为，儿童认知发展可以分为四个阶段，即感知运动阶段(出生至 2 岁)、前运算阶段(2 至 7 岁)、具体运算阶段(7、8 岁至 11、12 岁)、形式运算阶段；柯尔伯格的道德认知发展理论认为，认知发展是在与不断复杂化的认识环境的相互影响中逐步熟悉这一环境的过程，道德发展是认知发展的一个重要组成部分，它依赖于个人认知能力的发展②；维果茨基的最近发展区理论特别关注决定儿童未来潜能的发展水平，揭示了在互动条件下个体认知能力的高级发展过程，并强调社会文化对人的心理发展具有重要影响③。这些理论都从不同学科维度提出或证实了学生成长和发展的阶段性，也是将学生的学习发展划分为小学、中学、大学等学段的基本依据。教育教学必须依据学生在不同阶段的生理和心理发展水平，遵循学生智力、情感、体能等发展的阶段性特点。

思想政治教育的开展也是阶段性和持续性的统一。在思政课教学中，在受教育者的思想形成过程中，教育者要根据社会要求对受教育者施加有计划有目的持续性的影响，使受教育者在成长过程中形成社会所期望的价值观，做到内化于心、外化于行。思政课教学，既要把握学生成长发展的阶段性特征，厘清基于阶段性特点的要求和限制的边界，避免"抢跑"或

---

① 陈万柏：《思想政治教育学原理》，中国人民大学出版社 2013 年版，第 217 页。

② 邹绍清：《论柯尔伯格的道德认知发展理论及其借鉴》，《学校党建与思想教育》2008 年第 7 期。

③ 王颖：《维果茨基最近发展区理论及应用研究》，《山东社会科学》2012 年第 12 期。

"滞后"；也要跳出阶段性的边界局限，基于发展的、联系的、全面的视野看待学生的成长成才。在学习认知过程中，要遵循循序渐进规律；在遴选接纳知识的过程中，要遵循需要——兴趣——动力规律；在知识积累过程中，要遵循质变量变规律；在素质形成过程中，要遵循内化外化规律。这些规律都与思政课一体化建设密不可分。

3. 大中小学思政课一体化建设是推动思政课内涵式发展的关键举措

思政课是落实立德树人根本任务的关键课程。学校必须高度重视思政课建设，要把办好思政课，提高到事关中国特色社会主义事业后继有人、事关实现中华民族伟大复兴的中国梦的高度来对待。思政课贯穿大、中、小学各阶段，是思想政治教育的主渠道和主阵地，推进思政课内涵式发展是教育发展的必然要求。而思政课一体化建设是推进思政课内涵式发展的关键举措。

（1）思政课一体化建设契合思政课内涵式发展的理念和思路。思政课内涵式发展需要坚持科学的理念。首先，要加强优质理论供给。思政课是理论课，理论性是思政课的基本属性，但理论不是无源之水、无本之木，而是有着深厚的理论积淀，因此必须深挖思政课背后的理论渊源，增强思政课的理论供给，提升思政课的解释力和说服力；必须"坚持理论创新"，这是我们党百年奋斗的十条历史经验之一，揭示了马克思主义永葆生机活力的奥秘所在，对于新时代思政课改革创新具有重要指导意义。其次，要加强思政课的事实供给。2021年全国两会期间，习近平总书记明确提出"'大思政课'我们要善用之，一定要跟现实结合起来"，强调"思政课不仅应该在课堂上讲，也应该在社会生活中来讲"[①]。马克思主义认识论认为，实践是检验真理的唯一标准。中国共产党成立以来的光辉历程、伟大成就

---

① 杜尚泽：《"'大思政课'我们要善用之"（微镜头·习近平总书记两会"下团组"·两会现场观察）》，《人民日报》2021年03月07日。

24

和宝贵经验，可以很好地注解中国共产党为什么"能"、马克思主义为什么"行"、中国特色社会主义为什么"好"，这些在实践中都有充分的体现。要把思政小课堂同社会大课堂结合起来，借助社会事实进行充分说理，对思政课所关联的政治、经济、文化、社会、生态等事实进行挖掘，为思政课提供丰盈的社会事实支撑，推动思政课理论往深里走、往实里走、往心里走。再次，要加强思政课的方法供给。思政课的有效开展需要采用适宜的教学方法。思政课既是知识教育，更是价值观教育，思政课教学应坚持分层分类、循序渐进的原则，充分考虑不同学段学生的认知特点和思想特点。思政课一体化建设抓住了思政课内涵式发展的牛鼻子，不仅涵盖了思政课内容建设，要求对思政课内容进行总体规划，囊括了一系列经典理论和丰盈的社会现实，而且涵盖了思政课教学方法建设，要求思政课改革创新，充分考虑不同学段的特点和规律，实现不同学段的有序过渡和衔接。

(2)思政课一体化建设是扫清思政课发展障碍的重要途径。长期以来，思政课建设存在一些基本问题亟待解决。首先，大中小学各个学段思政课教育条块分割，缺乏整体统筹规划。各个学段思想政治理论课都以完成各自学段的教育任务为主要目标，忽略了相互间的衔接与过渡。由于缺乏上层的整体构架，各个学段的思想政治理论课也出现了教学内容的重叠，甚至相互矛盾，以至于部分学生认为大学的思想政治理论课仅仅是中学相关课程的简单重复，无须再次开设。其次，大中小学各个学段思想政治理论课教师各守畛域，缺乏交流合作。办好思想政治理论课，关键在于教师，而教师对学生知识水平、认知规律、接受能力的准确把握则是关键中的关键。各个学段的思政课教师若不能齐聚一堂展开论道，低学段教师对本学段课程教学目标便可能出现偏差，而高学段教师对所授课学生知识水平的判断则可能产生误差。上述问题是制约思政课课程发展的障碍，而思政课纵向一体化建设正是扫清障碍的重要途径。通过大中小学思政课的衔接整合，可以从课程内容、学科建设、教师能力等多方面推动思政课课程完善创新，对丰富学科内涵、增强学科特色、提高学科水平产生重要作用。

(二)"四史"教育与思政课教学的内在关联

"四史"是思想政治教育的重要内容，大中小学思政课是思想政治教育的主阵地。"四史"与学校思政课紧密联系、密不可分。

1. 两者本质属性相同

"四史"教育和思政课教学同属政治教育，两者的本质属性相同。"四史"教育不是单纯的历史知识梳理和讲解，而是要通过历史教育，引导学生建立对我们国家政治制度和社会制度的历史认同和政治认同，增强对中国特色社会主义的道路自信、理论自信、制度自信和文化自信。政治性是"四史"教育的首要属性，"四史"教育必须把坚持正确的政治方向放在第一位。"四史"教育的方向如果发生偏差，就会产生极其严重的后果。苏联解体给我们的教训是深刻的。一个国家如果对自身历史产生了认同危机，社会主流意识形态就会发生动摇，国家自身安全就无法保障，党的执政地位就无法巩固。从这个意义来说，"四史"教育是关系到党的前途命运和国家长治久安的重大课题，我们必须把这个课题做好，保证其沿着正确的道路前行。

思政课是政治课，政治性是思政课的本质属性。我们党历来重视思政课建设。中发〔2004〕16号文指出，"高等学校思想政治理论课是大学生思想政治教育的主渠道。思想政治理论课是大学生的必修课，是帮助大学生树立正确的世界观、人生观、价值观的重要途径，体现了社会主义大学的本质要求"，明确提出"以理想信念教育为核心""以爱国主义教育为重点""以基本道德规范为基础""以大学生全面发展为目标"的主要任务。中发〔2016〕31号文进一步指出"要强化思想理论教育和价值引领，把理想信念教育放在首位"，要坚定四个自信，"要培育和践行社会主义核心价值观"。2016年，习近平总书记在全国高校思想政治工作会议上指出，"我国高等教育肩负着培养德智体美全面发展的社会主义事业建设者和接班人的重大任务，必须坚持正确政治方向"。① 2018 年他在和北大师生座谈时指出，"高校只有抓住培养社会主义建设者和接班人这个根本才能办好，才能办出中国特色世界一流大学"，并明确提出三项基础性工作，摆在第一位的就是"坚持办学正确政治方向"。② 在全国教育大会上，他指出"培养一代又一代拥护中国共产党领导和我国社会主义制度、立志为中国特色社会主义奋斗终身的有用人才。这是教育工作的根本任务"，"要在坚定理想信念上下功夫"，"要在厚植爱国主义情怀上下功夫"，"要在加强品德修养上下功夫"③。这些文件表述和讲话精神，在强调政治性上，都是一以贯之的。在思政课的政治方向上必须旗帜鲜明，"淡化政治""远离理想信念"等做法严重背离思政课的本质属性，势必干扰思政课立德树人历史使命的完成。

"四史"教育与思政课政治属性的彰显，固然需要宣传，需要旗帜鲜明地表明立场、观点，但通过学理来实现则更为重要。为此，必须坚持政治性和学理性相统一，以有效地完成立德树人的根本任务。坚持政治性，是占据道义制高点，就是要帮助、引导学生坚守正确的政治立场，明辨正确的政治方向，树立坚定的政治自信；坚持学理性，是占据理论制高点，就是要着力学术性探索，通过透彻的学理分析，帮助学生掌握正确的思维方法，使学生在接受真理和科学知识中理解和认同真理，做合格的社会主义建设者和接班人。

2. 两者教育目标一致

习近平总书记指出："青年是整个社会力量中最积极、最有生气的力量，国家的希望在青年，民族的未来在青年。今天，新时代中国青年处在中华民族发展的最好时期，既面临着难得的建功立业的人生际遇，也面临

---

① 《习近平谈治国理政》第 2 卷，外文出版社 2017 年版，第 377 页。

② 习近平：《在北京大学师生座谈会上的讲话》，《人民日报》2018 年 05 月 03 日 02 版。

③ 习近平：《坚持中国特色社会主义教育发展道路　培养德智体美劳全面发展的社会主义建设者和接班人》，《人民日报》2018 年 09 月 11 日 01 版。

着'天将降大任于斯人'的时代使命。"①当代青年学生正处于我们国家最好的时代，肩负着实现中华民族伟大复兴的历史使命。大中小学开展"四史"教育，就是要引导学生深刻认识自身的历史使命，更好地把握现在中国发展的大势，树立自己的使命意识，自觉地把自己的志向和国家民族的命运紧密贯通起来，实现个人成才和中华民族伟大复兴的有机结合。"四史"教育的一个基本教学逻辑就是从讲党的历史知识开始，从建立学生的正确历史观着眼，最后落脚到让学生为实现中华民族伟大复兴而努力奋斗。

"四史"教育的基本目标在于以史鉴今、立德树人，这与思政课落实立德树人根本任务的目标一致。立德树人是对立德和树人关系的深刻把握，体现了立德和树人的辩证统一：立德是树人的前提，树人是立德的归宿；树人是立德的途径，立德是树人的追求。两者互为前提、不可分割，形成一个有机的统一整体。立德树人也是对教育根本任务和人才培养规律的深刻把握。"培养什么样的人、如何培养人、为谁培养人"是教育的根本问题，也是事关党和国家前途命运的重大问题。习近平总书记指出："要以培养担当民族复兴大任的时代新人为着眼点，强化教育引导、实践养成、制度保障，发挥社会主义核心价值观对国民教育、精神文明创建、精神文化产品创作生产传播的引领作用"②，"思想政治理论课是落实立德树人根本任务的关键课程"，"办好思想政治理论课，最根本的是要全面贯彻党的教育方针，解决好培养什么样的人、如何培养人、为谁培养人这个根本问题。我们党立志于中华民族千秋伟业，必须培养一代又一代拥护中国共产党领导和我国社会主义制度、立志为中国特色社会主义事业奋斗终身的有用人才"③。这一论断，指明了思政课立德树人根本任务的方向。

① 《习近平谈治国理政》第3卷，外文出版社2020年版，第333页。
② 习近平：《决胜全面建成小康社会 夺取新时代中国特色社会主义伟大胜利——在中国共产党第十九次全国代表大会上的报告》，人民出版社2017年版，第42页。
③ 习近平：《用新时代中国特色社会主义思想铸魂育人 贯彻党的教育方针落实立德树人根本任务》，《人民日报》2019年03月19日01版。

在庆祝中国共产党成立 100 周年大会上，习近平总书记指出："新时代的中国青年要以实现中华民族伟大复兴为己任，增强做中国人的志气、骨气、底气，不负时代，不负韶华，不负党和人民的殷切期望!"①通过"四史"教育，引领广大青年忠实拥护党的领导、牢固树立"四个自信"，引领广大青年坚定人民立场、厚植家国情怀，引领广大青年勇于艰苦奋斗、练就过硬本领，更好地落实立德树人根本任务，努力培养堪当民族复兴重任的时代新人。

3. 两者教育内容契合

坚持马克思主义理论教育与历史教育相结合是我国学校思政课建设的传统。以当前高校各门思政课程为例，虽然还没有设置专门的"四史"教育课程，但它们都不同程度地承担历史教育的任务。"四史"是中国近现代史上党团结带领中国人民，围绕民族独立与复兴和人民解放与富裕，艰苦奋斗、不断探索的历程。从课程体系来看，"四史"内容已融入现有思政课教学体系。比如"马克思主义基本原理"课，在"社会主义的发展及其规律"一章中就包括"社会主义五百年的历史进程""科学社会主义的一般原则""在实践中探索现实社会主义的发展规律"，这即是一部社会主义发展简史。又如，"中国近现代史纲要"课教学内容实际上涵盖了"四史"教育，其教学目标与当前"四史"教育目标深度契合，即通过阐释中国近现代历史的发展脉络和主题主线，引导学生正确认识中国近现代史中重要选择和重大变革的历史必然性，做到知史爱党、知史爱国。可以说，"纲要"课是高校思政课开展"四史"教育的主渠道、主阵地。当然，其他课程也都不同程度包含了"四史"内容，"四史"是贯穿于各门思政课教学的重要内容。

从总体上看，"四史"的内容都能直接或间接地融入思政课教学。"四史"教育融入思政课教学能从历史、现实、未来三个维度为思政课搭建立

---

① 习近平:《在庆祝中国共产党成立 100 周年大会上的讲话》,《求是》2021 年第 14 期。

体化、超时空的教学资源库，能更好地结合历史和现实，既使思政课这一立德树人的现实课程从历史的经验教训中总结历史规律，又使历史的素材更好地为现实教学服务，不断提升教学质量和教学效果。通过"四史"教育，广大青年学生能在中西互鉴、纵横比较中，不断巩固、刷新自己的历史记忆，在对历史规律的把握中自觉反对历史虚无主义的恶意唱衰、攻击污蔑，做到信仰如山、信念如铁。

思政课除了教材包含有"四史"内容，教师在课堂讲授中也离不开"四史"。"四史"本身蕴含着丰富的革命精神和厚重的历史文化内涵，其历史背景和史料使教学内容更丰富、更具说服力，特别是史料独具的真实性、客观性，极其珍贵，用好这些史料对提高思政课教学质量和效果具有重要意义。这就对教师"以史育人"的能力提出了很高的要求。思政课教师要修炼好内功，拓宽历史视野，增强历史情怀，具备深厚的历史底蕴；要不断提升教学能力，增强"四史"教育的生动性与趣味性；既要发挥教师自身主导性，也要善于发挥学生的主体能动性，充分发挥主客体间的同频共振的叠加效应。

第二章 "四史"教育融入大中小学思政课 一体化的价值意蕴

1921 年中国共产党成立以来的不懈奋斗史、理论创新史和自身建设史构成中共党史的主要内容，认真学习党史，就会更深刻理解中国共产党为什么能；1949 年中华人民共和国成立后，中国共产党领导人民进行社会主义革命、建设和改革的历史构成新中国史的主要内容，认真学习新中国史，就能厚植爱国情怀、积极投身于实现中华民族复兴的伟大事业；1978 年党的十一届三中全会后，中国共产党领导人民推进改革开放和社会主义现代化建设的历史构成改革开放史的主要内容，认真学习改革开放史，就会更深刻理解中国特色社会主义为什么好；世界社会主义从空想到科学、从理论到实践、从一国到多国的发展历程构成社会主义发展史的主要内容，认真学习社会主义发展史，就会深刻理解社会主义取代资本主义的长期性和必然性。"四史"教育中的历史内容、历史情感、历史逻辑、历史细节在引导学生树立正确人生观、价值观的过程中，具有很强的政治指导性。将"四史"教育融入课堂，是充分发挥"四史"政治教育作用、持续推动并深化大中小学思政课一体化建设的必由之路。

一、提升大中小学思政课一体化建设的理论品质

马克思指出："批判的武器当然不能代替武器的批判，物质力量只能用物质力量来摧毁；但是理论一经掌握群众，也会变成物质力量。理论只

要说服人,就能掌握群众;而理论只要彻底,就能说服人。"①列宁进一步强调理论对实践的指导作用:"没有革命的理论,就不会有革命的运动"②,"只有以先进理论为指南的党,才能实现先进战士的作用"③。马克思主义经典作家的这些论述深刻揭示了科学理论的重要意义。思政课作为理论课,理论性是其基本属性。但思政课的理论品质并非凭空产生,而是植根于"四史"的伟大历史进程中。"四史"是中国人民历史实践的根本,其深刻的思想性和政治性决定着大中小学思政课理论品质的温度与深度。"四史"虽是四门独立的学科,但并非彼此割裂,而是有着诸多共性。思政课建设需要四者协同发力,要在理论与"四史"脉络的相互结合中,把理论置于历史长河中进行考察和论证,凸显思政课体系的整体性,避免理论学习的碎片化。通过理论与历史的深度互动,有利于深刻理解理论体系的历史与实践逻辑,理解党的理论创新的历程就是马克思主义与中国实际相结合的历程,理解"中国共产党为什么能,中国特色社会主义为什么好,归根到底是因为马克思主义行",进而增强思政课学习的系统性与深刻性。通过深入挖掘"四史"包含的丰富历史过程、事件和人物,可以增强马克思主义理论启蒙的有效性和理论学习的深入性,厚植思政课理论性的质料,提升大中小学思政课一体化建设的理论品质。

(一) 坚持马克思主义在意识形态领域的指导地位

19 世纪 40 年代诞生的马克思主义,经历了 20 世纪的曲折发展,已进入发展的第三个世纪。迄今为止,还没有哪一种学说像马克思主义这样对世界产生如此深刻而广泛的影响,这不仅表现在它激发了 20 世纪以来社会主义形态的探索和发展,而且表现在它影响和改变了 20 世纪以来西方资本主义的存在形态。它深刻揭示了自然界、人类社会、人类思维发展的普遍规律,描绘了未来社会的美好蓝图,是我们认识世界、改造世界的科学真

---

① 《马克思恩格斯选集》第 1 卷,人民出版社 2012 年版,第 9-10 页。
② 《列宁选集》第 1 卷,人民出版社 2012 年版,第 311 页。
③ 《列宁选集》第 1 卷,人民出版社 2012 年版,第 312 页。

理。中国共产党始终坚持马克思主义的立场、观点、方法，洞察时代大势、把握历史规律、掌握历史主动，把科学理论作为思想武器，战胜一系列艰难险阻，推动党和人民事业取得一个又一个胜利，充分检验了马克思主义的科学性和真理性。党的十九届四中全会审议通过的《中共中央关于坚持和完善中国特色社会主义制度、推进国家治理体系和治理能力现代化若干重大问题的决定》，强调坚持马克思主义在意识形态领域指导地位的根本制度，并作出一系列重大部署。这是我们党第一次把马克思主义在意识形态领域的指导地位作为一项根本制度明确提出来，是关系党和国家事业长远发展、关系我国文化前进方向和发展道路的重大制度创新，集中体现了我们党在领导文化建设长期实践中积累的成功经验和形成的方针原则，充分反映了以习近平同志为核心的党中央对社会主义文化建设规律的认识进入了一个新的境界。党的十八大以来，面对世界范围内思想文化相互激荡、我国社会思想观念深刻变化的趋势，以习近平同志为核心的党中央把宣传思想文化工作摆在治国理政的重要位置，举旗定向、谋篇布局，正本清源、守正创新，推动新时代宣传思想文化事业取得历史性成就。习近平总书记强调："我们必须坚持以立为本、立破并举，不断增强社会主义意识形态的凝聚力和引领力。"①实现中华民族伟大复兴，战略机遇和风险挑战并存，需要充分发挥社会主义意识形态的思想引领和力量凝聚作用，更好构筑中国精神、中国价值、中国力量。

1. 有效解决马克思主义指导地位面临新情况新问题的迫切需要

意识形态工作关系到用什么样的指导思想、理念治党治国治军，用什么样的理想信念教育人民、凝聚人心，用什么样的价值观培养青年、立德树人。党的十八大以来，我国意识形态领域形势发生全局性、根本性转变，为实现中华民族伟大复兴注入了更为主动的精神力量。但要清醒认识

① 《习近平谈治国理政》第3卷，外文出版社2020年版，第311页。

到，意识形态领域的风险是危害我国主权、安全、发展利益的重大风险之一，能否做好意识形态工作，事关党的前途命运，事关国家长治久安，事关民族凝聚力和向心力。科学审视、精准防范意识形态风险，坚定维护国家政权安全、制度安全、意识形态安全，是实现中华民族伟大复兴的重要战略任务和内在要求。

党的十八大以来，我们党不断加强对意识形态工作的领导，采取有力措施，有效抵制了各种错误思想思潮对党和国家事业发展的干扰，马克思主义在意识形态领域的指导地位更加巩固，全党全军全国各族人民团结奋斗的共同思想基础更加巩固，社会主义意识形态凝聚力和引领力不断增强。但要看到，我们正在进行具有许多新的历史特点的伟大斗争，在我们越来越接近实现中华民族伟大复兴中国梦的伟大进程中，敌对势力在意识形态领域的兴风作浪一定不会减弱，各种敌对势力一直企图在我国制造"颜色革命"，千方百计要在思想上、政治上搞乱我们，妄图颠覆中国共产党领导和我国社会主义制度，意识形态安全始终面临风险挑战，我国马克思主义指导思想依然面临着各种社会思潮的严峻挑战。比如，有的领域中马克思主义边缘化、空泛化、标签化的问题还没有得到根本解决；教条主义、实用主义对待马克思主义的倾向还没有彻底克服；运用马克思主义立场观点方法解决中国实际问题的功力和水平有待提升；建设以马克思主义为指导的学科体系、学术体系、话语体系还需下大的功夫；用党的创新理论武装全党、教育人民需要确立切实有效机制，等等。这些问题，都需要在理论与实践的结合上下大力气解决。一个政权的瓦解往往是从思想领域开始的，政治动荡、政权更迭可能在一夜之间发生，但思想演化是个长期过程。思想防线被攻破了，其他防线也就很难守住。在任何情况下，思想都不能乱，人心都不能散，马克思主义在意识形态领域的指导地位都不能动摇。

2. 用马克思主义中国化最新成果武装起来的迫切需要

习近平总书记指出："理论的生命力在于不断创新，推动马克思主义不断发展是中国共产党人的神圣职责。"①我们党是一个高度重视理论创新、善于进行理论创新并且取得了丰硕理论创新成果的马克思主义政党。马克思主义传入中国后之所以发生这样大的作用，正是因为我们党坚持把马克思主义基本原理同中国具体实际相结合、同中华优秀传统文化相结合，不断推进马克思主义中国化时代化。一百年来，我们党进行了持之以恒、卓有成效的理论创新，展示了马克思主义的强大生命力。在新民主主义革命时期，我们党坚持理论创新，创立了毛泽东思想，并在社会主义革命和建设时期丰富和发展毛泽东思想，为党和人民事业发展提供了科学指引。在改革开放和社会主义现代化建设新时期，我们党坚持理论创新，创立了邓小平理论，形成了"三个代表"重要思想、科学发展观，从而形成中国特色社会主义理论体系，为新时期党和国家事业发展提供了科学指引。党的十八大以来，以习近平同志为主要代表的中国共产党人，勇于进行理论探索和创新，以全新的视野深化对共产党执政规律、社会主义建设规律、人类社会发展规律的认识，创立了习近平新时代中国特色社会主义思想，实现了马克思主义中国化时代化新的飞跃。改革开放以来，特别是党的十八大以来，在历次党内集中教育中，我们党都非常重视把马克思主义中国化时代化最新成果作为首要的学习任务，用党的最新理论武装头脑，提高了党员干部的思想认识水平，推动全党更加自觉地为实现党在不同历史时期的使命而奋斗。党和国家事业取得历史性成就、发生历史性变革，推动我国迈上全面建设社会主义现代化国家新征程。在全党深入开展学习贯彻习近平新时代中国特色社会主义思想主题教育，坚持不懈用习近平新时代中国特色社会主义思想凝心铸魂，是凝聚起实现伟大梦想磅礴之力的现实要求。

党的二十大报告指出："从现在起，中国共产党的中心任务就是团结带领全国各族人民全面建成社会主义现代化强国、实现第二个百年奋斗目

---

① 习近平：《在纪念马克思诞辰200周年大会上的讲话》，人民出版社2018年版，第27页。

标，以中国式现代化全面推进中华民族伟大复兴。"①以中国式现代化全面推进中华民族伟大复兴，不能离开科学理论的指导，不能没有统一思想的行动指南。习近平新时代中国特色社会主义思想是马克思主义中国化时代化的最新成果，是开创新时代、引领新时代的精神旗帜，是实现国家富强、民族复兴、人民幸福的思想武器和行动指南。坚持不懈用习近平新时代中国特色社会主义思想武装全党、教育人民，是实现中华民族伟大复兴的中国梦，汇聚全民族的智慧和力量、广泛凝聚共识、不断增进团结的首要政治任务。

理论就是旗帜，理论就是方向。新时代新征程，面对错综复杂的国际国内形势、艰巨繁重的改革发展稳定任务、各种不确定难预料的风险挑战，要实现党的二十大确定的战略目标，迫切需要广大党员、干部特别是各级领导干部进一步用党的创新理论最新成果武装头脑，统一思想、统一意志、统一行动，坚持不懈用习近平新时代中国特色社会主义思想凝心铸魂，以理论上的清醒筑牢政治上的坚定，以思想自觉引领行动自觉，凝聚起实现中华民族伟大复兴的磅礴伟力。

3. 推进国家治理体系和治理能力建设的迫切需要

习近平总书记指出："我国今天的国家治理体系，是在我国历史传承、文化传统、经济社会发展的基础上长期发展、渐进改进、内生性演化的结果。"②党的二十大报告把"国家治理体系和治理能力现代化深入推进"作为未来五年我国发展的主要目标任务之一。新征程上，必须深入推进国家治理体系和治理能力现代化，把我国制度优势更好转化为治理效能。党的十八大以来，我们党以巨大的政治勇气全面深化改革，坚决破除各方面体制机制弊端，各领域基础性制度框架基本建立，许多领域实现历史性变革、

---

① 习近平：《高举中国特色社会主义伟大旗帜 为全面建设社会主义现代化国家而团结奋斗——在中国共产党第二十次全国代表大会上的报告》，人民出版社 2022 年版，第 21 页。

② 《习近平谈治国理政》第 1 卷，外文出版社 2018 年版，第 105 页。

系统性重塑、整体性重构，中国特色社会主义制度更加成熟更加定型，国家治理体系和治理能力现代化水平明显提高，极大解放和发展了社会生产力，极大增强了社会发展活力。中国特色社会主义制度优势在打赢脱贫攻坚战、全面建成小康社会、抗击新冠疫情中得到充分彰显。

我国国家治理制度和国家治理体系之所以显示出强大生命力和巨大优越性，归根到底，就在于它是以马克思主义为指导、植根中国大地、具有深厚中华文化根基、深得人民拥护的制度和治理体系。新中国成立70多年来，我们党治国理政的一条重要经验和独特优势，就是善于运用与时俱进的科学思想指引方向、凝聚力量，把思想理论文化建设作为贯穿制度建设和国家治理的一条红线。坚持和完善中国特色社会主义制度、推进国家治理体系和治理能力现代化，必须始终坚持马克思主义指导地位，用党的创新理论科学指引，提升信仰信念，筑牢思想根基，夯实理论基础。

4. 有效应对意识形态风险挑战的迫切需要

进入新时代，我国意识形态领域面临的内外部环境发生深刻变化。习近平总书记和党中央把意识形态安全置于国家安全的重要位置，把应对意识形态领域风险挑战作为直接关系党和国家前途命运的重大问题。当前，我国社会主义现代化建设面临着复杂的国内外形势和繁重的全面深化改革任务。从国内看，随着深化改革过程中利益格局和利益关系的深刻调整，人们思想观念、价值观念、价值取向更趋多元多样多变，我国主流意识形态面临新挑战，马克思主义、非马克思主义甚至反马克思主义的思想观点同时存在，先进的和落后的相互交织，积极的和消极的相互影响，坚持马克思主义的指导地位面临新环境新问题。从外部环境看，基于多元共生的不同历史文化基础，不同文明、不同社会制度之间相互交流与相互对冲呈现新特点，甚至有时趋于相互斗争且复杂尖锐，我国意识形态安全面临新挑战。环境越是复杂、困难越是重大，越需要做到理论上清醒、政治上坚定、方法上得当。只有坚持马克思主义在意识形态领域的指导地位，才能在意识形态斗争中立根本、强底气，有效维护国家意识形态安全。

"中国共产党为什么能，中国特色社会主义为什么好，归根到底是因为马克思主义行，是中国化时代化的马克思主义行。"①历史证明，什么时候高举马克思主义的旗帜，正确运用马克思主义，我们的事业就能胜利前进；什么时候偏离马克思主义，党的事业就会遭受挫折。我们要坚持马克思主义指导地位，必须做好做强马克思主义理论的宣传教育工作，切实增强对马克思主义的政治认同、思想认同、情感认同。习近平新时代中国特色社会主义思想是当代中国马克思主义、21世纪马克思主义，我们坚持马克思主义的指导地位，最重要的就是坚持习近平新时代中国特色社会主义思想的指导地位；做好做强马克思主义宣传教育工作，最重要的就是在学懂弄通做实习近平新时代中国特色社会主义思想上下功夫。

(二) 增强马克思主义理论知识供给的有效性

马克思主义理论是大中小学思政课一体化建设的重要支撑。"思政课"是高校落实立德树人根本任务的关键课程，也是用马克思主义科学理论武装学生头脑的灵魂课程，承担着传播马克思主义科学理论、为学生成长成才奠定科学思想基础的职责和使命。2019年3月，习近平总书记在学校思想政治理论课教师座谈会上提出坚持"灌输性和启发性相统一"的论断。这一论断不仅是思想政治理论课改革创新的一种方法，也为当前思想政治教育实践发展指明了方向。新时代的高校思政课建设要坚持灌输性和启发性的有机统一，切实推动和深化教学改革创新。"四史"蕴含丰富的故事资源，有助于增加思政课理论教学的吸引力与趣味性，增强马克思主义理论知识供给的有效性。

1. 坚持思政课灌输性，增强用先进理论武装青年学生的自觉性

灌输理论是思想政治教育的理论支撑，灌输性是思政课的本质属性。

---

① 习近平：《高举中国特色社会主义伟大旗帜 为全面建设社会主义现代化国家而团结奋斗——在中国共产党第二十次全国代表大会上的报告》，人民出版社2022年版，第16页。

马克思指出："思想的闪电一旦彻底击中这块素朴的人民园地，德国人就会解放成为人。"①列宁根据马克思恩格斯的理路，在同崇拜自发性的经济派做斗争的过程中，提出了系统、完整的"灌输论"思想。列宁认为，工人阶级靠自己的力量只能形成受资产阶级的思想奴役的"工联主义"意识，社会主义学说是从知识分子"创造的哲学理论、历史理论和经济理论中发展起来的"②，是"革命的社会主义知识分子"思想发展的必然结果。他认为，对工人运动自发性的崇拜，对社会主义意识形态的轻视和脱离，都是加强资产阶级意识形态的影响。因此没有革命的理论，就不会有革命的运动，由此阐发了灌输的必要性。列宁强调，社会主义意识要从外面灌输给工人，"从经济斗争外面，从工人同厂主的关系范围外面灌输给工人"③。对于如何向工人灌输政治知识，列宁认为，社会民主党人"要善于利用每一件小事来向大家说明自己的社会主义信念和自己的民主主义要求"④，这里论述了灌输的方法论。在列宁看来，为工人阶级授课、出版马克思主义经典著作、建立党校、创办党刊等"每一件小事"都是行之有效的灌输方法。需要指出的是，"灌输"不是指将社会主义意识"硬灌"进人们的头脑，而是强调社会主义意识要从"外部"灌输。灌输只是一个根本的原则，绝不是死硬的方法。灌输理论是树立马克思主义意识形态的重要理论。可以说，没有马克思主义思想意识的灌输与传播，没有中国共产党人在不同历史时期坚持把思想理论建设放在党的建设的中心位置，没有对社会主义革命和建设事业接班人的教育和培养，就没有今天中国特色社会主义事业的健康发展。

2. 坚持思政课启发性，增强用科学规律指导教学的自觉性

坚持启发性，强调的是引导学生发现、分析和解决问题，是对思政课

---

① 《马克思恩格斯选集》第1卷，人民出版社2012年版，第16页。
② 《列宁选集》第1卷，人民出版社2012年版，第318页。
③ 《列宁选集》第1卷，人民出版社2012年版，第363页。
④ 《列宁选集》第1卷，人民出版社2012年版，第364页。

教学规律认识而形成的有效教学方法，注重的是间接的、隐性的知识传授和思维能力提升。"道而弗牵，强而弗抑，开而弗达。道而弗牵则和，强而弗抑则易，开而弗达则思。和易以思，可谓善喻矣。"这里"弗牵""弗抑""弗达"，都是强调启发性教学必须遵循教育对象的认识发展规律，不牵强、不压制、不包办，启发学生独立地思考。思政课归根结底仍属于教育范畴，必须遵循基本的教育规律，即教育是一种社会现象，它既受到社会的政治、经济、文化等其他社会现象的制约，又受到学生的生理、心理发展状况的制约。强调思政课"灌输性"应以不违背教育规律为界限，要不违背我国当前的教育方针和学生自身成长规律。我国的教育方针即教育必须为社会主义现代化建设服务，必须与生产劳动相结合，培养德智体美劳全面发展的社会主义事业的建设者和接班人。学生成长规律是与自身年龄阶段相适应的全面发展规律，其身心发展遵循着顺序性、阶段性、不平衡性、个体差异性等一系列客观规律，这些规律制约着思政课"灌输性"，这就要求思想政治教育从学生身心发展的客观规律及某一特定阶段身心发展的特征出发，有的放矢地实施教育。

3. 坚持灌输性和启发性相统一，增强思政课教学亲和力和针对性

"灌输性"和"启发性"虽有各自的合理性及侧重，但两者并非割裂，而是辩证统一的，即"灌输"中潜藏着"启发"，"启发"中渗透着"灌输"。坚持灌输性和启发性相结合，就是以灌输性为启发性提供基础前提，以启发性提升灌输性效果，实现教学方法的相得益彰。[①] 坚持思政课"灌输性"与"启发性"的辩证统一，一方面要坚持理论传授与人格塑造同频共振，传授知识的同时更注重价值的引领，关注学生的理想、信念和情感，引导学生树立正确的世界观、人生观、价值观；另一方面要坚持内容科学与形式生动的结合，深度挖掘教学素材，将学生的关注力聚焦于国家大事和社会热

---

① 张阳：《思想政治理论课"灌输性与启发性相统一"的教育之路》，《思想理论教育导刊》2020 年第 2 期。

点，并借助图片、视频、音频等灵活多样的教学形式，增强亲和力和感召力，进而提高思政课的教学质量。

4. "四史"教育增强马克思主义理论启蒙教育的有效性，奠定思政课一体化建设守正创新的坚实根基

青少年处于人生的"拔节孕穗期"，小学是接受教育的初始阶段，处于"播种育苗期"。小学阶段的思政教育在德育与培养人才过程中处于基础地位，是大中小学思政课一体化建设的开端。思想政治教育循序渐进的基本规律也表明，小学思政教育不仅要解决好"培养什么人、怎样培养人、为谁培养人"的根本问题，而且要发挥不可替代的基础作用。小学阶段能否有效进行马克思主义理论启蒙，事关思政课一体化建设能否"守正"。小学思政教育具有几个突出的特点：从认知水平看，教育内容浅显易懂、形象生动；从发展需要看，教育重点侧重养成教育；从认知方式看，教育方法以具身感受优先，如环境熏陶法和榜样激励法，等等。小学生的认知能力、辨别能力水平较低，如果一味灌输深奥的马克思主义理论，他们根本无法真正理解，只能机械记忆，就会大大降低学习热情，甚至产生抵触心理，思政课的"守正"效果就会大打折扣。

"四史"蕴含丰富的故事资源，将"四史"人物与事件写进教材，以故事形式讲授马克思主义理论，有助于增加思政课理论教学的吸引力与趣味性，拉近小学生与思政课的距离。"四史"中，有反映革命先辈追求真理、坚守信仰的初心故事，有反映革命先辈不断开辟中国革命道路、开辟马克思主义新境界的创新故事，有反映革命先辈为实现中华民族伟大复兴而不懈奋斗的创业故事，有反映革命先辈严格自律、艰苦奋斗的美德故事等。思政课就要深挖这些故事，就要讲好故事，要讲好中华民族的故事、中国共产党的故事、中华人民共和国的故事、中国特色社会主义的故事、改革开放的故事，特别是要讲好新时代的故事。以"四史"故事为牵引，能增强马克思主义理论启蒙的有效性，为思政课一体化建设守正创新奠定坚实的根基。

(三) 保障马克思主义理论学习的深入性

习近平总书记强调,思政课要"坚持显性教育和隐性教育相统一"①,既要有惊涛拍岸的声势,也要有润物无声的效果。这对思政课的深化发展提出了新的要求,指明了科学的方向。"四史"中丰富的人物与事件构成马克思主义理论产生、演变的历史背景,可以保障马克思主义理论学习的深入性。

1. 坚持显性教育:我国思想政治教育应该坚持主旨鲜明的显性底色

思政课讲授的内容是国家主导意识形态,需要采取正面教育方式,对学生进行系统思想理论教育;要以明确的方式进行教育,不能采取间接隐晦的方式,不能含糊其词,思政课只能在改进中加强,在创新中提高;要理直气壮地讲思政课,思政治课教师要有自信和底气。显性教育方式当前在我国仍应处于主导地位,这与我国思想文化相适应,中华优秀传统文化和马克思主义理论都具有鲜明的显性特色;显性教育方式与我国社会制度相契合,我国社会的思想文化基础总体上一致,而且我国自古以来就有着多元一体的传统,较易形成统一的显性教育基础;显性思想政治教育方式与我国教育资源相匹配,近年来我国经济快速发展给教育提供了更多资源,但区域之间发展不平衡的问题难以迅速改变,因此资源集中式的传统显性教育方式仍是面对现状的切实选择。②

2. 加强隐性教育:思想政治教育创新需要系统提升隐性教育作用

现实教学中,因教育目标、教学任务的公开性和教学效果的要求,往往忽视学生心理愉悦性和可接受性,既弱化了思想政治教育的亲和力,又

① 《习近平谈治国理政》第 3 卷,外文出版社 2020 年版,第 331 页。
② 曹金龙:《关于新时代思想政治教育显性教育和隐性教育相统一的思考》,《思想教育研究》2019 年第 12 期。

影响了思想政治教育效果的可持续性。加强隐性思想政治教育，可以其独特的优势提升教育效果。隐性教育主要是通过把思想、政治与道德等内容融入具体的教育教学与社会实践活动中，通过设置具体的情境并且采用多种教育资源的教育方式，具有隐蔽性、趣味性、潜在性和渗透性等特点，是一种潜移默化的教育方式。隐性教育在形式上并不明显，学生受教育的状态更为自然，很少会有抵触心理，在潜移默化中就可以实现教育效果；隐性教育在教育内容上不是直接传授思想政治知识，而是通过参加具体活动，或参与讨论某一特定议题，让学生主动感受该怎样做，受教育过程更轻松、有趣；隐性教育突破传统显性教育时空的限制，通过各种社会实践活动，如通过校园文化、社会实践活动、博物馆等方式渗透到教学内容之中。因此，思政课要系统加强隐性教育，利用好隐性教育的优势。

3. 要实现显性教育与隐性教育的统一，提升教育艺术性

显性教育和隐性教育是一个硬币的两个方面，两者相辅相成、不可分割。只重视显性教育，不关注隐性教育，无法达到显性教育应有的效果；只关注隐性教育，不重视显性教育，会使教育活动丧失其价值导向。只有把显性教育和隐性教育结合起来，才能真正实现教育效果。在显性教育和隐性教育的关系处理中，显性教育更具有体现教育目标的性质，因此，在思想政治理论课建设中显得格外重要，这是我们办好思想政治理论课的目的和初衷。因此，对于思想政治理论课教师来说，最重要的不是思想政治理论课是否属于显性课程，而是要使思想政治理论课真正成为显性课程，更好地实现思想政治教育的目的和功能，这才是显性教育和隐性教育相统一要达到的目标。

4. "四史"中丰富的人物与事件构成马克思主义理论产生、演变的历史背景，有助于实现马克思主义理论的显性与隐性教育的统一

马克思主义理论有其深厚的实践根基，诞生于历史和现实。思政课如

果空谈理论,忽略历史和现实,理论教学就没有根据,就会成为"无根的浮萍",难以深入理解。"四史"中丰富的人物与事件构成马克思主义理论产生、演变的历史背景,为解决这一问题提供"创新"的钥匙。有了这把钥匙,马克思主义理论就不再抽象晦涩,而变得鲜活立体。同时,"四史"教育也可避免学生对马克思主义理论的理解断裂化。将理论放置于"四史"坐标系中,由此明确马克思主义理论发展脉络,有助于学生从宏观全局角度掌握马克思主义理论。凭借"四史"教育这把"创新"钥匙,学生可从微观、宏观两方面,深入学习马克思主义理论,从而有助于实现显性教育与隐性教育的统一,为大中小学思想政治理论课一体化建设创新夯实理论基础。

二、拓宽大中小学思政课一体化建设的历史视野

历史是最好的教科书。它滋养我们的民族自信,启迪我们的伟大事业,昭示我们的前进方向,涵养我们的历史思维。树立历史眼光、培养历史思维,对于推进新时代中国特色社会主义事业具有重要的意义。加强"四史"学习,可以培养学生的大格局、大胸怀,从整体上把握历史性结论、变革和成就,拓宽大中小学思政课一体化建设的历史视野。

(一) 汲取历史智慧,提高历史思维能力

在大中小学循序渐进地进行"四史"教育,可以让学生更深刻地认识红色政权来之不易、新中国来之不易、中国特色社会主义来之不易,深刻理解中国共产党领导中国人民走上社会主义道路、中华民族实现伟大复兴的历史必然性,提高历史思维能力,获得运用历史视角认识事物发展规律、把握前进方向、指导当下和未来工作的能力,由此支撑起大中小学思政课一体化建设的情感线和智慧线。

1. 历史思维是马克思主义历史观、实践观的有机统一和综合运用

历史思维,就是通过追溯历史源头、回望历史过程、总结历史经验教

训来判明大势、定位现在、开辟未来的反思性思维。党的十八大以来，习近平高度重视历史思维的运用，并就此作了一系列重要论述，内涵丰富、思想深邃。① 一是，尊重历史事实，把握历史规律的认识方法。历史就是历史，事实就是事实，任何人都不可能改变历史和事实。因此就要尽可能多地占有史料、挖掘史实，以最大限度地还原历史真相；要提升运用科学世界观和方法论研究历史，认识世界的能力。二是，正确对待历史，科学评价历史的思想方法。习近平总书记强调："历史就是历史，历史不能任意选择，一个民族的历史是一个民族安身立命的基础。"②因此要以客观公正的态度看待历史得失，要摒弃历史唯心主义，坚持用唯物史观评价历史。三是，总结历史经验，汲取历史智慧的工作方法。习近平总书记强调，历史研究是一切社会科学的基础，承担着"究天人之际，通古今之变"的使命。中国人自古重视历史研究，历来强调以史为鉴，我们的前人留下了浩繁的历史典籍。每个国家、每个民族都有自己的发展历程，应该尊重彼此的选择，加深彼此的了解，以利于共同创造人类更加美好的未来。③因此要把对历史的研究学习转化为解决实际问题的能力，既要善于通过总结和借鉴历史做好今天的事，又要善于透过历史和现实洞察未来的"势"，在从容应对各种风险挑战和复杂局面过程中准确把握机遇。这些重要论述为我们深入学习"四史"提供了科学的方法论，为我们正确运用和借鉴历史提供了科学指引，为推进党和国家事业、奋进第二个百年征程提供了有力的思想武器。

历史思维能力，就是以史为鉴、知古鉴今，善于运用历史眼光认识发展规律、把握前进方向、指导现实工作的能力。历史思维能力的培养，能够使人正确理解和掌握历史知识，认识历史发展规律，进而对社会现实问

---

① 张琳，周扬：《习近平关于"历史思维"重要论述的理论阐释》，《马克思主义理论学科研究》2021 年第 9 期。

② 习近平：《在纪念毛泽东同志诞辰 120 周年座谈会上的讲话》，《人民日报》2013 年 12 月 27 日。

③ 《习近平致第二十二届国际历史科学大会的贺信》，《人民日报》2015 年 08 月 24 日。

题进行科学的观察与思考。提高历史思维能力，是马克思主义科学世界观和方法论的内在要求。其一，提高历史思维能力，需要尊重历史事实。尊重历史事实，就是要承认历史的客观性、规律性、整体性、复杂性和曲折性，既不能以偏概全，任意剪裁，更不能文过饰非，虚构臆造；要将历史视为整体，突出历史的联系性和发展性，不能孤立地看待历史，要从整体上来观察历史，用辩证、联系、发展的眼光来分析历史传统、判断历史趋势；要将历史视为多面体，既看到历史高歌猛进的发展，也要看到历史进程中不可避免的挫折甚至倒退，全面客观看待历史，得出正确的认识和结论。其二，提高历史思维能力，需要主动探寻并尊重历史发展规律。只有准确把握历史发展规律，才能认清历史发展的趋势，顺势而为。把握历史发展规律，要特别警惕教条主义和主观主义，注重从实际出发，实事求是；要充分发挥人的主观能动性，改革开放后，我们党致力于经济建设、社会发展、对外开放和提高人民生活水平，中国经济社会由此获得了快速的发展。党的十八大以来，以习近平同志为核心的党中央，坚持全面深化改革，推动党和国家事业发生了深层次、根本性的历史性变革，取得全方位、开创性的历史性成就，中国经济获得高质量发展，民生得到进一步改善，这无疑是准确把握了人类历史发展趋势，尊重历史发展规律，并充分发挥人的主观能动性的结果。其三，提高历史思维能力，需要不断总结历史经验教训，以历史的眼光看待今天与未来。提高历史思维能力，要积极主动学习历史、研究历史、运用历史，从历史中总结经验，增长才干，提高本领。主动总结历史经验，首要的是总结中国革命、建设和改革经验；主动总结历史经验，还需要纵览古今、放眼世界，不断扩展历史视野。提高历史思维能力还要以历史的眼光来分析现实，用历史的眼光看待今天和未来，学会用历史唯物主义观察分析问题，用发展的、整体的、长时段的、联系的眼光处理问题，让历史启示来者，让历史告诉未来。

2. "四史"教育让学生更好地认识过去、把握当下、面向未来，打好大中小学思想政治理论课一体化建设的智慧底色

历史是人类最好的老师。"四史"教育蕴含着我们党带领人民进行伟大

斗争、建设伟大工程、推进伟大事业、实现伟大梦想的实践智慧。这种实践智慧使学生看问题的眼光不拘泥于一时一地，而将时间线拉长至百年，在面对艰难险阻时，能从"四史"中吸取经验教训，勇于创新，进而更好地认识过去、把握当下、面向未来。

通过大中小学的"四史"教育，学生可以深刻领会历史和人民为什么选择了马克思主义、中国共产党、社会主义道路和改革开放，正是因为"四个选择"让历经磨难的中国人民和中华民族，找到了实现伟大复兴的必由之路，为中华民族实现从站起来、富起来到强起来的历史飞跃提供了坚实保障；通过大中小学的新中国史教育，学生可以深刻领会中国现代化建设事业取得的历史性成就，准确理解当代中国马克思主义，把握新中国历史发展的主题和主线，认清新中国发展的两个历史时期之间的关系，分清主流和支流，正确认识社会主义的前进趋势；通过大中小学改革开放史教育，学生可以深刻领会40多年来我们党不断加强和改善党的领导，坚持以人民为中心，勇于自我革命，推进理论创新，不断开辟马克思主义发展的新境界，形成了中国特色社会主义，这是我们取得一切成绩和进步、迎来近代以来最好发展时期的最根本原因；通过大中小学社会主义发展史教育，可以让学生正确把握科学社会主义一般原则，在实践探索中了解社会主义发展的长期性、多样性和必然性，提升对中国共产党执政规律、社会主义建设规律和人类社会发展规律的认识，从而更好坚持和发展中国特色社会主义。"四史"教育所拓宽的历史视野有助于学生获得以唯物史观思考问题、认识问题的智慧，提高历史思维能力。

(二) 自觉抵制历史虚无主义，坚定历史自信

在大中小学循序渐进地进行"四史"教育，有利于引导学生树立正确的历史观，用辩证唯物主义和历史唯物主义来分析历史，正确看待社会主义革命和社会主义建设中的挫折与失误，充分认识到党史、新中国史、改革开放史的主流是党领导中国人民为中华民族实现伟大复兴作出巨大贡献的历史，准确把握历史过程、历史事件和历史人物等，自觉抵制历史虚无主

义，实现大中小学思政课一体化建设中知、情、意、行的统一。

1. 廓清历史虚无主义的迷雾

党的十八大以来，习近平总书记多次强调必须警惕历史虚无主义的侵害，自觉维护意识形态安全。历史虚无主义滥觞于19、20世纪之交的西方社会。作为一种哲学思潮，虚无主义否认存在着普遍永恒的正确原则，因而具有怀疑主义、相对主义、解构主义与颓废主义等思想特色。作为一种社会思潮和文化思潮的历史虚无主义，其实质就是秉持虚无主义历史观来认识、分析和解释历史现象。我们必须廓清历史虚无主义的迷雾，精准识别其主要表现形式，深刻认识其危害。

（1）透视历史虚无主义的产生根源。历史虚无主义是对客观历史的真相、本质、规律持怀疑、否定和消解的态度，对历史事件和人物任意解释甚至刻意歪曲的一种历史观。历史虚无主义之所以存在，除了政治因素，还有社会、文化及心理等方面的原因。

历史场景不可重复。历史是一种客观性存在，但历史真实已经发生并永远地过去了，时空距离决定了我们认识的历史难以与历史真实完全吻合。历史虚无主义迎合人们希望了解历史全景的心理和愿望，否认历史认知中既有的真理性，打着还原历史真相的旗帜，用"重写历史""反思历史""翻案历史"等方式裁剪、重塑历史，看待历史，只看问题，不看成绩，只看细节，不看整体，只看现象，不看本质，只看历史片段，不看历史的前后联系，妄图否定中国近现代史、中国共产党历史以及中华人民共和国历史。

认识和评价历史的主体存在差异。在历史研究中我们既要努力求知探索，但也必须反对借口历史认知存在相对性，以学术研究为幌子，抓住一点、不及其余，只见树木、不见森林，随意歪曲历史真相，使历史成为一种可以随意涂鸦的工具。历史虚无主义的一个重要认识论来源，就是认为历史是由个体书写的，每个人都有自己的价值取向、政治诉求和情感偏好，由此写出来的历史会一定程度上带有个体的主观色彩。受社会条件、自身阅历、研究能力等因素的制约，每个人了解的只是历史的局部、细节、侧面，而非历史的整体、面貌与全景。历史虚无主义认为，人们了解的历史是以史学家的主观意识为基础、渗透着编写者意志的历史，是意识的产物而非客观的历史过程。他们否定历史真实性和客观性的言论，被反共反社会主义势力，当作否定马克思主义、攻击社会主义制度、歪曲社会主义历史的思想武器。

历史与现实紧密相连。历史是昨日的现实，现实是明天的历史，过去、现在和未来是相通的。对历史人物、历史现象、历史事件的褒贬，必然影响到对当下有关情况的评价。在一个国家、一个民族、一个政党的历史发展进程中，抑或在一个历史人物的成长过程中，总是伴随成功和失败、经验与教训。历史虚无主义"醉翁之意不在酒"，其歪曲历史的真正目的是为了歪曲现实，如果立场和观点不正，只看支流、不看主流，只盯问题、不看成绩，只看枝节、不顾大势，就会得出片面的甚至是错误的结论。

（2）明辨历史虚无主义的传播方式。历史虚无主义带有明显的攻击性。政治上，对颠覆社会主义制度情有独钟、对美化西方宪政民主制度用情专一；思想上，鼓吹马克思主义"过时论"、社会主义"破产论"，推崇西方所谓"民主、自由"的"普世价值"；行为上，诋毁丑化领袖、英烈和我党我军的正面形象，美颜西方列强的殖民侵略历史；价值观上，为西方鼓吹的"人性化、个性化"的个人英雄主义涂脂抹粉，刻意贬低社会主义的集体主义。在改革开放初期，它主要表现为以总结毛泽东晚年的错误为借口而将其"晚年"的跨度无限延展，否定毛泽东作为伟大无产阶级革命领袖的辉煌历史功绩和毛泽东思想的科学指导地位，进而否定毛泽东领导的全部革命和建设历史。到20世纪90年代中期，它主要表现为以反思历史的名义"重新评价"历史，否定世界近代以来一切推动人类社会历史发展进步的革命行动，这其中当然包括中国共产党领导中国人民实现民族独立、人民解放的新民主主义革命和实现中华民族历史上最伟大最深刻变革的社会主义革命。

近年来，一股新的披着学术研究的外衣、打着"历史解密"的幌子，明目张胆地质疑、矮化、诋毁革命领袖和革命英雄，同情、美化、抬高历史上早有定论的反动人物的历史虚无主义思潮跃然出现在人们的生活里。他们采用各种手段进行渗透传播，其表现形态纷繁各异、传播渠道分散隐蔽，主要的策略和手法表现为以下几种形态。一是，娱乐恶搞，歪曲历史。当历史虚无主义与"泛娱乐化"合流时，就会将严肃的历史变得庸俗化，在消遣、调侃、恶搞中解构历史叙事、搅乱历史认知。二是，以偏概全，遮蔽历史。历史虚无主义要么"断章取义、碎片拼接"式地虚无历史，要么"局部拔高、片面美化"式地虚无历史。三是，搬弄是非，乱评历史。在评价历史事件时，历史虚无主义要么有针对性地放大瑕疵、夸大失误；要么对已有的历史功绩和成就选择性"失明"，无视历史进步、抹杀历史贡献。在评议历史人物时，历史虚无主义一方面含沙射影地污蔑诋毁领袖、丑化矮化英雄；另一方面吹捧、美化反面人物，搜肠刮肚地"找优点"，挖空心思地"建人设"，甚至不惜捏造事实来"洗白"和"贴金"，严重冲击着社会大众的史识和良知。四是，故弄玄虚，迷乱历史。历史虚无主义披着"学术外衣"，立足唯心史观，孤立、静止、片面地分析和观察历史，随意捏造、猜测和推断历史，严重破坏了历史研究的科学性、客观性。或打着"学术创新"的旗号，标榜"价值中立"，颠覆马克思主义史学的基本结论；或号称"还原历史"，冠以"细节考证"的名目，挖掘一些非主流、非正统的回忆录、访谈、口述历史等素材，推出与主流史学观点相偏离甚至相违背的"学术成果"；或借口"理性反思"、运用"范式转换"的手段，将"革命史范式"与"现代化范式"相对立，别有用心地"否定过去"和"改写历史"。

(3)洞察历史虚无主义的主要危害。历史虚无主义思想是以历史唯心论、价值虚无论为思想认识基础的错误思潮，意识形态色彩浓厚、政治意图明确，不仅直接冲击社会主流文化，也一步步腐蚀思想、破坏传统、颠覆信仰。一旦放松警惕、放任纵容，就会严重危害国家的政治稳定和意识形态安全。

习近平总书记尖锐地指出："历史虚无主义的要害，是从根本上否定马克思主义指导地位和中国走向社会主义的历史必然性，否定中国共产党的领导。"①这深刻揭示了历史虚无主义的主要危害。一是，否定马克思主义的指导地位。马克思主义在我国的意识形态领域居于核心指导地位，对它的否定就是对我们主流意识形态的否定。历史虚无主义通过捏造历史材料、篡改历史事实、颠倒历史是非、丑化历史英雄等方式，扰乱价值评判和历史认知，宣扬错误的历史观和价值观，在社会思想领域制造混乱，向民众灌输一套完全不同于主流意识形态的话语体系，企图颠覆民众对马克思主义的认同，消解对当代社会主流价值观的认同。二是，否定社会主义道路。中国特色社会主义道路的必然性源自中华文明5000多年的文化传承与发展，根植于中华民族近代100多年由衰转盛的历史演进，奠基于中国共产党领导中国人民进行伟大社会革命的百年奋斗历程，内蕴于新中国成立70多年的不断探索和改革开放40多年的伟大实践之中。坚持中国特色社会主义道路，是对人民和历史选择的尊重，也是实现中华民族伟大复兴的必然要求。历史虚无主义极力否定中国通过革命斗争走社会主义道路的必然逻辑，故意歪曲、否定中国近代的革命主线和历史事实，炮制"告别革命论"，认为革命是破坏现代化的消极力量，竭力贬损和否定中国人民为争取民族独立和人民解放而进行的反帝反封建斗争，诋毁和否定中国革命和建立新中国走社会主义道路的正当性。三是，否定党的领导。历史已经并将继续证明，中国共产党的领导是实现中华民族伟大复兴的根本保证，没有中国共产党，就没有中华民族伟大复兴。历史虚无主义极力夸大党史上的失误和曲折，极力攻击党的领袖人物，混淆视听。回顾历史，可以清醒地看到，历史虚无主义在一些社会主义国家意识形态领域泛滥，最终成为西方敌对势力颠覆共产党政权的重要武器。因此，我们必须及时识破和有力遏止历史虚无主义借夸大党在实践探索中的失误、污蔑党的主要

①　中共中央党史研究室：《历史是最好的教科书——学习习近平同志关于党的历史的重要论述》，中共党史出版社2014年版，第8页。

领导人等伎俩来否定中国共产党对国家和人民的丰功伟绩的图谋。

2. "四史"教育可以引导学生坚定历史自信，打好大中小学思政课一体化建设的历史底色

在大中小学循序渐进地进行"四史"教育，可让学生了解党和国家事业的来龙去脉，正确了解党和国家历史上的重大事件和重要人物，汲取历史经验教训，自觉抵制历史虚无主义，坚定历史自信。

（1）自觉抵制历史虚无主义。在大中小学循序渐进地进行"四史"教育，有利于引导学生树立正确的历史观，认清历史虚无主义的本质，准确把握历史过程、现象、事件和人物等。学习"四史"有助于引导学生自觉增强抵制错误思潮能力，科学辩证看待历史与现实、历史与未来关系。

学习历史，是中华民族的优良传统，也是我们党的优良传统。习近平总书记强调："重视历史、研究历史、借鉴历史，可以给人类带来很多了解昨天、把握今天、开创明天的智慧"，"历史是人类最好的老师"①。这充分体现了我们党对历史的高度重视、尊重和敬畏，内在包含以下几个方面的重要内容。一是，历史是最好的教科书。历史真正呈现给人们的从来都不是故纸堆，而是一个民族、一个国家走过的道路，是世道变迁、兴衰成败的规律，是前人留下的"百科全书"。正因为如此，看得见多远的过去，就能走得到多远的未来。二是，历史是最好的清醒剂。以史为鉴，才能避免重蹈覆辙。历史经验值得总结，历史教训尤应汲取。忘记历史就意味着背叛，无视历史规律就必然遭到历史惩罚。三是，历史是最好的营养剂。今天是昨天的延续，未来是今天的发展，历史的联系不能割断，也割不断。我们只有站在时代最前沿，不断发掘和继承人类创造的一切优秀思想文化，才能更好认识世界、认识社会、认识自己，才能建设一个更加美好的明天。四是，历史蕴含着应变的智慧。历史是前人各种知识、经验和

---

① 《习近平致第二十二届国际历史科学大会的贺信》，《人民日报》2015 年 08 月 24 日。

智慧的总汇。从某种意义上说，史学就是应变之学。贤者预变而变，智者知变而变，愚者见变不变。

课堂既是阵地也是战场。历史虚无主义思潮本质上是基于唯心史观的政治思潮，其出发点或落脚点在于将西方价值作为"普世价值"，以西方资本主义道路为"人间正道"，由此妄图对"四史"特别是党史和新中国史进行解构、重评和重构，目的是为了从根本上否定马克思主义指导地位和中国走向社会主义的历史必然性，否定中国共产党的领导。学生处于人生成长期，面对历史虚无主义冲击，如果不进行正确引导，容易迷失自我，动摇思政课"守正"的基础。"四史"教育可使学生正确认识历史发展过程中的前进与曲折、成功与失败，进而坚定学生走中国特色社会主义道路的决心，使学生在大是大非面前做出正确选择。这是"四史"教育绘好大中小学思想政治理论课一体化建设历史底色的题中之义。

（2）坚定历史自信。习近平在多个场合强调要坚定历史自信、把握历史主动。他在主持中央政治局党史学习教育专题民主生活会时进一步指出，"全党要学史明理、学史增信、学史崇德、学史力行，就是为了增加历史自信、增进团结统一、增强斗争精神"，"在新的赶考之路上，我们能否继续交出优异答卷，关键在于有没有坚定的历史自信"[1]。历史自信是在长期的历史发展中不断把握历史规律、掌握历史逻辑、汲取历史智慧孕育而成的，又是在纷繁复杂的历史演进中经过磨砺、觉醒、觉悟，最后上升为推动历史前行的执着信仰和信念。

坚定历史自信，必须弘扬伟大的历史主动精神，把握历史认知、增强历史自觉、掌握历史主动、勇担历史使命，从而凝聚起走向未来的勇气和力量。一是，把握历史认知。党的历史是最生动、最有说服力的教科书。历史自信源自过去、关乎未来，只有在把握历史认知中遵循发展规律、认清历史大势，才能在新时代新征程上赢得更加伟大的胜利和荣光。二是，增强历史自觉。历史自觉不仅包含着历史主体的觉醒、觉悟、反思、反

---

① 《习近平谈治国理政》第 4 卷，外文出版社 2022 年版，第 545 页。

省,还包括对自身历史的价值判断和价值选择,没有深刻的历史自觉,就不可能有坚定的历史自信。中国共产党人的历史自信是在历史自觉的过程中逐渐建立起来的,是对党的百年成就和历史经验的高度认同和充分肯定。三是,掌握历史主动。历史主动是历史自信的内在要求。回望过去,我国用几十年的时间走完了西方资本主义国家几百年的发展历程,中国特色社会主义道路、理论、制度、文化日益展现其优越性,为坚定历史自信奠定了坚实的物质基础和积累了宝贵的成功经验。四是,勇担历史使命。历史使命是历史自信的实践品格。勇担历史使命是中国共产党人一以贯之的崇高风范和精神境界。有别于以往一切政治力量追求自身特殊利益的局限,中国共产党一经诞生,就把为中国人民谋幸福、为中华民族谋复兴确立为自己的初心使命。百年来,中国共产党团结带领人民不懈奋斗的历史使命像光芒四射的灯塔,指明了中华民族前进的道路和方向。

"四史"的根基是唯物史观。要在大中小学循序渐进地进行"四史"教育,积极利用历史研究中的最新成果,在"求真实"的基础上求真理、求信仰;要运用历史唯物主义的分析方法,把握历史的主题主线、主流本质;要基于正确的政治立场,运用多元的观察视角,让学生看清往昔的奋斗,看清今天的成绩,看清未来的前途,把苦难辉煌的过去、日新月异的现在、光明宏大的未来贯通起来,从历史深处着眼,看清楚过去我们为什么能够成功,弄明白未来我们怎样才能继续成功,更好地坚定历史自信,开创历史伟业。

(三)科学把握三大规律,增强"四个自信"

在大中小学循序渐进地进行"四史"教育,可以让学生深刻认识到坚持党的领导与坚持人民主体地位的有机统一是共产党人必须把握的根本规律、认识到中国特色社会主义道路的深厚历史渊源和广泛现实基础、认识到社会主义的发展是一个曲折历史过程,就会以更宽广的视野把握共产党执政规律、社会主义建设规律和人类社会发展规律,增强"四个自信",激发学生将个人志向与国家民族命运、实现中华民族伟大复兴有机结合,更深刻理解自己肩负的历史使命，大中小学思政课一体化建设就可以获得良性运作的驱动力。

1. 科学把握"三大规律"

规律是事物之间以及事物内部诸要素之间相互影响、相互制约的关系，呈现的是事物发展变化过程中基本秩序和必然趋势。共产党执政规律、社会主义建设规律、人类社会发展规律是马克思主义政党必须遵循的最高范畴，也是最重要的"三大规律"。共产党执政规律、社会主义建设规律、人类社会发展规律及其趋势之间是相互依赖、相互制约、相互影响、相互促动的，并在这种双向作用中彼此发生改变。中国共产党人在认识和因应人类社会发展规律中探索社会主义建设规律，在认识和因应社会主义建设规律中探索共产党执政规律，不断开创中国特色社会主义建设新局面，不断开辟马克思主义新境界。在大中小学循序渐进地进行"四史"教育，可以让学生以更宽广的视野把握"三大规律"。

（1）深刻把握共产党执政规律。共产党执政规律，是反映共产党作为马克思主义政党在执政过程中应该遵循的执政理念和执政方略，应该采取的执政体制和执政方式，应该巩固的执政基础和执政资源，应该创造的执政条件和执政环境等。主要表现在以下四方面：一是执政理念，即关于党为谁执政、靠谁执政和怎样执政的理性认识；二是执政目标，即共产党治国理政所要达到的愿景，它规定着共产党前进的方向；三是执政方略，即共产党为了完成执政目标而采取的具体行动、手段和方法；四是执政方式，它是执政党运用国家政权的途径、形式、手段和方法的总称，是涉及执政党和国家政权机关的基本问题。① 其中，执政理念起主导作用，执政目标、执政方式、执政方略等都是执政理念的具体展开。

通过在大中小学循序渐进地进行"四史"教育，可以让学生透过我们党

---

① 孙敬良，陈志：《论习近平新时代中国特色社会主义思想对共产党执政规律的深化》，《社会主义研究》2019 年第 3 期。

的百年历程认识到，中国共产党带领中国人民经过 28 年浴血奋战，破坏了一个旧世界——推翻了帝国主义、封建主义和官僚资本主义的统治，取得了新民主主义革命的胜利，建立了中华人民共和国；历经 70 多年，建立了一个新世界——确立了社会主义制度，探索形成了中国特色社会主义，中华民族迎来了从站起来、富起来到强起来的伟大飞跃，科学社会主义在 21世纪的中国焕发出强大的生机活力，中华民族正以崭新姿态屹立于世界的东方。可以更深刻理解我们党的执政规律：必须坚持中国共产党的领导核心地位；必须把马克思主义基本原理同中国革命、建设、改革的具体实际相结合，不断推进马克思主义中国化；必须坚定共产主义远大理想和中国特色社会主义共同理想，坚持把最高理想与阶段性奋斗目标相结合；必须坚持以人民为中心，密切联系群众，全心全意为人民服务；必须坚持一切从实际出发，理论联系实际，实事求是，在实践中检验真理和发展真理；必须坚持民主集中制，实行民主基础上的集中和集中指导下的民主相结合；必须建立具有中国特色的国体和政体，保证人民当家作主；必须坚持改革开放，建设中国特色社会主义；必须坚持解放和发展生产力、集中力量进行社会主义现代化建设，不断满足人民日益增长的美好生活需要；必须把"五位一体"总体布局和"四个全面"战略布局作为治国理政的基本方略；必须坚持富国和强军相统一，走中国特色强军之路，全面推进国防和军队现代化；必须维护国家主权和领土完整，实现祖国统一大业；必须建设高素质干部人才队伍，为党治国理政提供干部人才保证；必须勇于自我革命，坚定不移地全面从严治党，永葆党的先进性、纯洁性；必须坚持和平发展道路，构建人类命运共同体。① 百年奋斗，遵循这些规律，中国共产党取得了辉煌成就，实现了第一个百年奋斗目标；新的征程，继续遵循执政规律，中国共产党将实现第二个百年奋斗目标，全面建成社会主义现代化强国，实现中华民族伟大复兴的中国梦。

---

① 王京清：《探索总结中国共产党执政规律》，《马克思主义研究》2021 年第 11期。

（2）深刻把握社会主义建设规律。社会主义建设规律，是揭示"什么是社会主义、怎样建设社会主义"这个根本问题的规律性认识，包括社会主义的发展道路、发展阶段、发展战略、发展动力、发展方式、发展环境、发展力量，等等。社会主义建设实践从 1917 年十月革命胜利后的俄国算起，到现在已经有 100 多年的历史，在中国大地上已经有 70 余年的历史。五百年来社会主义从空想到科学、从理论到实践、从一国实践到多国实践的过程，也是社会主义建设规律不断呈现、不断被人们认识的过程。中国共产党自诞生之日起，就把实现社会主义、共产主义鲜明地写在自己旗帜上，作为矢志不渝追求的崇高目标和远大理想。新中国成立后，为找到一条适合中国国情的社会主义建设之路，我们党领导人民进行了不懈探索，历尽千辛万苦，付出各种代价，走出了一条独具特色的发展之路，即中国特色社会主义道路。

在大中小学循序渐进地进行"四史"教育，可以让学生认识到，中国特色社会主义道路，是一条在经济文化比较落后的基础上建设社会主义之路，我国用几十年时间走完了西方发达国家几百年的工业化历程，创造了人类经济史上的发展奇迹，实现了从贫穷到富裕、从羸弱到强大的历史性跨越；是一条跨越资本主义"卡夫丁峡谷"建设社会主义之路，我们既坚持社会主义的基本原则，又从初级阶段的实际出发，充分吸收资本主义合理性因素为社会主义服务，实现了对资本主义的跨越；是一条在人口众多的东方大国建设社会主义之路，我们党凭借强大的组织动员能力，充分调动广大人民群众的积极性、主动性、创造性，集中力量办大事，战胜了一个个风险挑战，把许多不可能变成了可能，创造了难以想象的奇迹，充分彰显了中国特色社会主义无与伦比的制度优势；是一条在复杂多变的国际形势下建设的社会主义之路，无论是受到资本主义国家的封锁，还是卷入与其他社会主义国家之间的纷争，无论是面对两大阵营的对峙抗衡，还是面临世界百年未有之大变局，我们始终坚持独立自主的和平外交政策，坚定不移走自己的路，一步步发展壮大。透过社会主义建设曲折发展的艰难历程，学生可以形成关于社会主义建设规律的初步认识：社会主义建设模式具有多样性,中国特色社会主义的"特"就是指与其他国家的社会主义建设方式不同,是对苏联模式的扬弃;社会主义建设的根本任务是发展生产力;社会主义建设的根本目的是促进人的全面而自由的发展;社会主义建设要积极吸收人类一切优秀文明成果;社会主义建设要坚持共产党的领导。① 遵循这些规律,中国特色社会主义建设取得了举世瞩目的成就,科学社会主义在 21 世纪的中国焕发出强大的生机活力。

(3)深刻把握人类社会发展规律。人类社会发展规律,是关于人类社会历史运动的普遍规律,决定着人类历史发展的基本趋势。人类社会为什么会发展? 推动人类社会发展的根本动力是什么? 马克思主义之前,许多思想家苦苦探寻这一人类社会发展之谜,都未能揭示其中的真正奥秘。在人类思想发展史上,马克思主义战胜唯心史观和各种错误思想,透过历史的表象,揭开了人类社会发展的真正奥秘,指出"生产力和生产关系的矛盾、经济基础和上层建筑的矛盾"是社会发展的基本矛盾和根本动力,得出社会主义必然取代资本主义的科学结论,指明了社会的发展和进步既是一个由低级形态向高级形态的上升过程,又是一个从地域性历史走向世界历史的扩展过程,为人类文明进步和社会发展提供了强大思想武器。

在大中小学循序渐进地进行"四史"教育,可以让学生认识到,我们始终高举和平、发展、合作、共赢的旗帜,吸收借鉴、消化创新世界各国一切有益的文明成果,从依靠世界发展中国,到通过中国的发展推动世界发展;认识到,中国从"与世界接轨"到"参与全球治理",从建立新型国际新秩序到推动建设持久和平、共同繁荣的和谐世界,再到推动构建人类命运共同体,建设持久和平、普遍安全、共同繁荣、开放包容、清洁美丽的世界,40 年来的改革开放,中国因深度融入世界而快速发展,世界因中国强劲发展而克难闯关;认识到,第二次世界大战后,资本主义出现了一些新的现象和趋势、有了新的发展,但 2008 年国际金融危机爆发以来,资本主

---

① 牛先锋:《深化对社会主义建设规律的认识》,《科学社会主义》2020 年第 5 期。

义国家经济持续低迷、两极分化加剧、社会矛盾加深，资本主义固有的生产社会化和生产资料私人占有之间的矛盾依然存在，这再次证明了马克思指出的"资本主义的灭亡和无产阶级的胜利是同样不可避免的"历史发展总趋势，证明"我们依然处在马克思主义所指明的时代"①。

2. 不断增强"四个自信"

习近平在党的十九大报告中指出："全党要更加自觉地增强道路自信、理论自信、制度自信、文化自信，既不走封闭僵化的老路，也不走改旗易帜的邪路，保持政治定力，坚持实干兴邦，始终坚持和发展中国特色社会主义。"②这是对党的十八大提出的"道路自信、理论自信和制度自信"的丰富和发展。当代中国道路、理论、制度、文化构成中国特色社会主义的基本内容和根本成就。中国特色社会主义道路自信、理论自信、制度自信和文化自信四者分别从实践、理论、制度、文化不同方面体现着对中国特色社会主义的自信。"四个自信"丰富和发展了中国特色社会主义的基本内涵，具有紧密联系的内在结构和逻辑关系，构成一个有机统一的科学整体。首先，道路自信是其他三个自信的实践基础。离开道路自信，理论自信、制度自信、文化自信就会失去存在和发展的现实依据。其次，理论自信是其他三个自信的思想引领。离开理论自信，道路自信、制度自信、文化自信就会失去思想基础而迷失方向。再次，制度自信是其他三个自信的具体展现。离开制度自信，道路自信、理论自信、文化自信就缺少有效依托而没有保障。最后，文化自信是其他三个自信的内在要求。离开文化自信，道路自信、理论自信、制度自信就没有生长的根基，就会缺少精气神而难以持久。将"四史"教育融入大中小学思政课，可以让学生厘清历史脉络、把握历史规律、得出历史结论，在学思悟行中看清历史前途，在奋发有为中坚定"四个自信"。

---

① 《习近平谈治国理政》第2卷，外文出版社2017年版，第66页。
② 《习近平谈治国理政》第3卷，外文出版社2020年版，第13-14页。

（1）学史惜今，夯实道路自信的基础①。近代以来中国历史发展的内在逻辑充分证明了中国特色社会主义道路自信的历史必然性。道路自信一方面源自近代以来中华民族仁人志士对国家出路探索实践经验的科学总结。历史和人民选择中国共产党，坚定走中国特色社会主义道路，是因为中国共产党人始终代表中国人民和中华民族的根本利益，领导全国各族人民经历了革命、建设和改革的实践，开辟了一条走向富强、民主、文明、和谐的道路。这是我们坚信中国特色社会主义道路的历史渊源。另一方面源自改革开放以来中国人民沿着中国特色社会主义道路奋勇前行取得的令世界瞩目的巨大成就。改革开放的成功实践为全面深化改革提供的最重要的经验，是坚持党的领导，贯彻党的基本路线，不走封闭僵化的老路，不走改旗易帜的邪路，坚定走中国特色社会主义道路，始终确保改革的正确方向。中国道路既顺应了历史潮流、契合了时代需要，又符合党心民心，是一条"具有无比广阔的时代舞台，具有无比深厚的历史底蕴，具有无比强大的前进定力"的康庄大道。

在大中小学循序渐进地进行"四史"教育，就是要循序渐进地引导学生对比今昔，深刻理解中国特色社会主义道路来之不易，它"是在改革开放30多年的伟大实践中走出来的，是在中华人民共和国成立60多年的持续探索中走出来的，是在对近代以来170多年中华民族发展历程的深刻总结中走出来的，是在对世界社会主义500年发展规律的把握中走出来的，是在对中华民族5000多年悠久文明的传承中走出来的，也是科学社会主义理论逻辑和中国社会发展历史逻辑的辩证统一，具有深厚的历史渊源和广泛的现实基础"②，"是科学社会主义理论逻辑和中国社会发展历史逻辑的辩证统一，是植根于中国大地、反映中国人民意愿、适应中国和时代发展进步要求的科学社会主义"③，从而自觉站稳价值立场，倍加珍惜这条道路，

---

① 刘灿：《加强大学生"四史"教育的三重维度》，《湖南农业大学学报（社会科学版）》2021年第2期。

② 《习近平谈治国理政》第1卷，外文出版社2018年版，第39页。

③ 《习近平谈治国理政》第1卷，外文出版社2018年版，第21页。

以"咬定青山不放松"的意志，"久久为功不停歇"的韧劲，沿着这条道路坚定不移地走下去、干下去。

(2)悟史明智，校准理论自信的航向。理论自信是对自身指导思想和基本理论的坚定信仰，是对自身指导思想、基本理论科学性和创造力的坚定信念，是对推进自身理论创新创造的坚定信心。中国共产党把马克思主义作为立党立国的根本指导思想，作为党的灵魂和旗帜，坚持马克思主义基本原理，坚持实事求是，从中国实际出发，洞察时代大势，把握历史主动，进行艰辛探索，不断推进马克思主义中国化时代化，中华民族迎来了从站起来、富起来到强起来的伟大飞跃，实现中华民族伟大复兴进入了不可逆转的历史进程。理论自信的底气，一方面基于对马克思主义理论真理性的深刻洞察，另一方面是对马克思主义中国化理论成果科学性、价值取向人民性及实践成果丰硕性的深入认知。在百年发展历程中，我们党在带领中国人民寻求民族独立、人民解放和国家富强、人民幸福，始终坚持将马克思主义基本原理同中国具体实际相结合、同中华优秀传统文化相结合，探索革命、建设和改革的一般规律，形成了毛泽东思想、邓小平理论、"三个代表"重要思想、科学发展观和习近平新时代中国特色社会主义思想。

习近平新时代中国特色社会主义思想系统回答了新时代坚持和发展什么样的中国特色社会主义、怎样坚持和发展中国特色社会主义，建设什么样的社会主义现代化强国、怎样建设社会主义现代化强国，建设什么样的长期执政的马克思主义政党、怎样建设长期执政的马克思主义政党等重大时代课题；深刻回答了新时代坚持和发展中国特色社会主义的最本质特征和最大优势、总目标、总任务、总体布局、战略布局等一系列重大基本问题，形成了以"十个明确"为核心内容的科学理论体系，以全新视野深化了对共产党执政规律、社会主义建设规律、人类社会发展规律的认识，是马克思主义中国化的最新理论成果，标识了当代中国马克思主义、二十一世纪马克思主义的思想高度；深深植根于中华文化的沃土之中，将马克思主义与中华优秀传统文化结合起来，汲取了中华优秀传统文化所蕴含的哲学思想、人文精神、道德理念，把中华民族的思想水平提到了一个新高度，实现了中华优秀传统文化创造性转化、创新性发展，是中华文化和中国精神的时代精华；习近平总书记以深邃的哲学思维、宽厚的人民情怀、强烈的时代意识和宏阔的全球视野，对当今世界和人类发展的重大问题作出科学回答，深刻揭示当今时代本质及其必然趋势，提出了一系列关乎全人类命运的重大理论观点和行动方案。习近平新时代中国特色社会主义思想，既牢牢立足中国实际又放眼当今世界，既为中国人民谋幸福又为世界人民谋发展，既为中华民族谋复兴也为人类进步事业作贡献，既是中国人民的行动指南也是全人类共同的思想财富，在马克思主义发展史、中华文化发展史、人类思想发展史上具有重要的地位和意义。

在大中小学循序渐进地进行"四史"教育，可以引导学生自觉将马克思主义当作理解历史、分析现实、观照人生的强大思想武器，历史地理解马克思主义既一脉相承又与时俱进的理论品质，自觉运用当代中国马克思主义、21 世纪马克思主义武装头脑、指导实践，在学、信、用结合，思、践、悟贯通中补足理想信念之"钙"。

（3）知史明道，明晰制度自信的目标。制度自信是指社会成员对其所赖以生存和生活在其中的社会制度的一种积极的、肯定的认识和评价。在当代中国，制度自信就是对中国特色社会主义制度的自信，即对中国特色社会主义这一具有中国特色、中国风格、中国气派的社会制度的自信，是中国人民对当代中国所选择的社会制度的价值认同。

近代以来，中国人民围绕着民族独立、人民解放，建立适合中国国情的国家制度，保障实现国家繁荣富强这一历史性课题，无数仁人志士进行了长期不懈的奋斗，先后历经了技术、实业到制度、文化等方面的反复探索，尝试了君主立宪制、议会制、总统制等各种制度模式，但都以失败而告终。中国共产党成立以后，以毛泽东同志为代表的中国共产党人在带领人民开展革命斗争中，十分注重制度的构建与运用，提出了未来国家制度的主张，并领导人民为之进行了不断的斗争。

新中国成立后，我们党创造性地运用马克思主义学说，坚持把马克思主义基本原理同中国具体实际相结合，深刻总结国内外正反两方面经验，进行了诸多有益的探索与实践，建立和完善社会主义制度，逐步确立并巩固了我们国家的国体、政体、根本政治制度、基本政治制度、基本经济制度和各方面的重要制度，形成和发展了党的领导和经济、政治、文化、社会、生态文明、军事、外事等各方面制度，逐步形成了中国特色社会主义制度，并不断完善中国特色社会主义制度。

党的十八大以来，我们党领导人民统筹推进"五位一体"总体布局、协调推进"四个全面"战略布局，推动中国特色社会主义制度更加完善。党的十九届四中全会提出坚持和完善中国特色社会主义制度、推进国家治理体系和治理能力现代化的总体目标，指出："中国特色社会主义制度和国家治理体系是以马克思主义为指导、植根中国大地、具有深厚中华文化根基、深得人民拥护的制度和治理体系，是具有强大生命力和巨大优越性的制度和治理体系，是能够持续推动拥有近十四亿人口大国进步和发展、确保拥有五千多年文明史的中华民族实现'两个一百年'奋斗目标进而实现伟大复兴的制度和治理体系。"[1]中国特色社会主义制度和国家治理体系为党和国家事业发展、为人民幸福安康、为社会和谐稳定、为国家长治久安提供了有力的制度保障。

中国特色社会主义制度不是"舶来品"，而是深深扎根于本国的土壤之中，具有深厚的中华文化底蕴，是从中华民族5000年灿烂文明的历史积淀中汲取了精神养分，在实践检验中得以确证。新中国成立以来特别是改革开放以来，党领导人民取得了举世瞩目的伟大成就，显示了中国特色社会主义制度的坚强保障作用，才使得一个"一穷二白"的经济文化落后的国家，在70年的发展进程中创造出令世界震惊的"中国奇迹"。中国特色社会主义制度始终坚持人民主体地位，把不断实现好、维护好、发展好人民群众的根本利益作为价值追求，从而获得了最广大人民群众的认可、拥护和支持。

---

① 《习近平谈治国理政》第3卷，外文出版社2020年版，第121页。

在大中小学循序渐进地进行"四史"教育，可以通过丰富历史素材的呈现，引导学生深刻把握近现代中国发展的历史脉络，深刻理解中国特色社会主义制度是怎么来的、中国特色社会主义制度为什么好、中国特色社会主义制度如何行稳致远，进一步强化他们对中国特色社会主义制度的历史认同、情感认同和价值认同，坚定对中国制度成就中国之治目标的信心。

（4）信史笃行，厚植文化自信的根基。文化自信是中华民族对自身文化价值的强烈认同、对自身文化生命力的坚定信念。党的十八大以来，习近平总书记立足中国特色社会主义事业的时代高度和中华民族伟大复兴的历史高度，继"道路自信、理论自信、制度自信"后，明确提出坚定文化自信的战略要求。他强调："文化兴国运兴，文化强民族强。没有高度的文化自信，没有文化的繁荣兴盛，就没有中华民族伟大复兴。"①坚定文化自信，事关国运兴衰、事关文化安全、事关民族精神独立性。新时代新征程，我们进行伟大斗争、建设伟大工程、推进伟大事业、实现伟大梦想，都须臾离不开文化自信力量的坚强支撑。

文化自信事关国运兴衰。在五千多年的发展中，中华民族形成了以爱国主义为核心的团结统一、爱好和平、勤劳勇敢、自强不息的伟大民族精神，正是在这种伟大民族精神的感召下，无数中华儿女为维护国家主权和领土完整，为捍卫民族尊严和人民利益顽强拼搏、英勇奋斗甚至献出了宝贵生命。坚定文化自信，先要建立起对我们伟大民族精神的高度自信，这事关中华民族的国运兴衰。

文化自信事关文化安全。国家的生存和发展离不开文化的滋养，尤其是处理国与国之间的关系时必定要考虑文化利益。在一些特定的时刻，文化会成为决定国家、民族及个人命运的关键因素。从国家内部看，民众越是认同自己国家的文化，就越能增进彼此的团结。从国际上看，一个国家的文化、价值理念越得到国际社会认可，就越有利于增强自身的影响力。

---

① 《习近平谈治国理政》第3卷，外文出版社2020年版，第32页。

当今世界，一个国家要想增进自身国家安全，在国际社会中产生影响力，就必须立足国情，面向世界和人类未来发展，确立起具有强大感召力，能够获得国内民众认同、得到国际社会认可的文化价值观念。文化自信是人们对自身民族文化的肯定与信任，彰显了一种自信与稳定的文化心理，是巩固文化信仰、事关文化安全的重要课题。

文化自信事关民族精神独立性。生生不息的中华民族今天之所以能够以崭新姿态屹立于世界的东方，以昂扬的姿态屹立于世界民族之林，很重要的一点，就是靠坚定的文化自信，靠自觉遵从包括中华优秀传统文化、革命文化和社会主义先进文化在内的中华文化永不褪色的价值体系和核心价值观的正确引领。鸦片战争，西方列强用坚船利炮敲开中国大门。在中国共产党的领导下，中国人民反抗内外敌人，成功实现了民族独立和人民解放，如今迈向了全面建设社会主义现代化国家的新征程，中华文化经过洗礼再度走向繁荣，中华民族精神独立性得到了重新确立。对中华文化的高度自信，使中华民族在世界文化激荡中站稳了脚跟，也激励着中国共产党和全国各族人民以永不懈怠的精神状态和一往无前的奋斗姿态推进改革开放和社会主义现代化建设，不断增强实现中华民族伟大复兴中国梦的精神力量。

在大中小学循序渐进地进行"四史"教育，可以引导学生通过学习和领悟历史，弘扬蕴含在历史进程中的民族精神和时代精神，厚植更深沉、更持久、更广泛的文化自信。特别是要通过深入挖掘中国共产党带领中国人民在革命、建设和改革历史进程中形成的伟大精神，并将其与社会主义核心价值观教育紧密联结起来，以有效引导学生在纷繁复杂的文化生态中、多元多样的文化交流中和日趋激烈的文化碰撞中，科学理性地进行文化比较鉴别、反思展望，正确区分文化上的先进与落后、有效辨别文化中的积极与消极，准确把握中国特色社会主义文化独特优势与光明前景，从而形成坚如磐石的文化认同、厚重如山的文化自信，自觉在实践中担起文化使命、进行文化创造、推动文化进步。

三、增强大中小学思政课一体化建设的育人实效

大中小学思政课一体化共同体是要在坚持立德树人的根本任务的基础上，以学校教育为核心，坚持思政课程与课程思政同向同行，充分发动社会、学校、家庭、网络等各方面力量，建立一体化发展共同体，以共同体的力量推动大中小学思政课一体化建设，增强思政课育人成效。在大中小学分层递进、螺旋上升地进行"四史"教育，有助于增强大中小学思政课一体化建设的育人实效。

(一) 助力大中小学思政课一体化建设立德树人目标的实现

根据不同年龄段学生理解和接受能力的程度，在大中小学分层次、有针对性地进行"四史"教学目标设计，把握"四史"教育的政治性、针对性、时代性，立足党的历史知识、着眼于帮助学生树立正确的历史观，使学生通过"四史"的学习总结历史经验、把握历史规律，进而知史明责、知史图进，最终将报国行为付诸实践，有助于落实立德树人的根本任务、解决"培养什么人、怎样培养人、为谁培养人"这个根本问题。

1. 立德树人的历史方位

党的十八大以来，习近平多次强调"立德树人"的重要性和紧迫性。2016年12月7日，习近平在全国高校思想政治工作会议上从"培养什么样的人、如何培养人以及为谁培养人这个根本问题"的高度上对"立德树人"赋予了新的理论内涵，提出了更高的实践要求。"高校立身之本在于立德树人"，"要坚持把立德树人作为中心环节"，这不仅是对高校的要求，也是对社会主义教育事业的要求。在十九大报告中，他明确指出要全面贯彻党的教育方针，落实立德树人教育根本任务，培养德智体美全面发展的社会主义事业的建设者和接班人。在2018年9月全国教育大会上，再次强调"坚持把立德树人作为根本任务"。

立德树人作为我国教育事业发展的根本任务，具有丰富深刻的内涵。立德树人，就是强调以德立人，树人以德；强调立人为先，树人为要。《左传·襄公二十四年》就将"立德"放在"三不朽"的首位："大上有立德，其次有立功，其次有立言，虽久立不废，此之为不朽。"《管子·权修》指出："一年之计，莫如树谷；十年之计，莫如树木；终身之计，莫如树人。"这是将培养人才作为长久之计。具体来讲，立德与树人是一个有机的整体，二者互为依存。其中，立德是根本，树人是核心。立德是树人的前提，树人是立德的旨归；不立德就难以树人，离开树人，立德就失去了意义；树人先立德，立德为树人。要把立德树人贯穿于人才培养全过程。作为中国特色社会主义教育事业发展的核心工作，立德树人是培养德智体美劳全面发展的社会主义建设者和接班人的本质要求。

（1）立德树人源于意识形态斗争的迫切需要。历史唯物主义认为，意识形态是对一定社会经济形态以及由经济形态决定的政治制度的自觉反映，主要包括政治法律思想、道德、宗教、艺术、哲学等。它处于上层建筑的核心内容，直接决定社会价值体系、文化发展以及人们的精神风貌。要认识到意识形态没有也不会终结，警惕"意识形态中心论"和"意识形态终结论"两种思潮的影响。

一方面，马克思主义认为，"政治、法、哲学、宗教、文学、艺术等等的发展是以经济发展为基础的。但是它们又都相互作用并对经济基础发生作用"，"这是在归根到底不断为自己开辟道路的经济必然性的基础上的相互作用"[①]。意识形态建设要为经济建设服务，这是意识形态建设的根本宗旨。社会主义意识形态作为引领时代发展的文化形态，与马克思主义中国化时代化大众化如影随形。社会主义意识形态的与时俱进推进了马克思主义中国化时代化大众化，而马克思主义中国化时代化大众化的深入发展，又推动着社会主义意识形态的丰富完善。几代中国共产党人在推动马克思主义的发展中始终坚持马克思主义，不断实现马克思主义意识形态理

---

① 《马克思恩格斯选集》第4卷，人民出版社2012年版，第649页。

论的创新发展。要警惕过去那种"意识形态中心论"的观点,坚持经济建设这个中心不能动摇。

另一方面,要警惕"意识形态终结论"和"文明冲突论"等社会思潮。这些社会思潮虽然研究的视角和结论各有不同,但从根本上讲都是为了推广西方意识形态,维护其文化霸权地位。以美国为首的西方国家凭借其在全球治理中的主导权和话语权,将意识形态传播作为其外交战略的重要目标。自20世纪初以来,向全球进行利益扩张和意识形态输出,就成为美国内外政策和霸权体系的两个方面并互为补充。为了维护全球霸权地位,美国不惜采用任何手段,不顾国际社会普遍反对,入侵伊拉克,在亚非地区遥控"阿拉伯之春",在欧亚国家导演"颜色革命",在拉美地区推行"新门罗主义",绕开联合国安理会纠集北约盟友对利比亚展开空袭,驻叙美军肆意抢夺叙利亚的石油和小麦等资源,武装干涉、军事入侵、经济制裁、文化渗透、煽动骚乱、操控选举……当今世界各种战乱、动荡与危机的背后,总会有美国闲不住的霸权之手,对地区乃至世界和平稳定造成巨大危害。历史和现实警示我们,西方殖民主义和美式霸权主义从未改变,霸权者恃强凌弱、巧取豪夺的本性难移。在弱肉强食的"丛林法则"面前,服软示弱无法求得安全,妥协退让只能换来得寸进尺。腐朽的清王朝要"量中华之物力,结与国之欢心",却招致被瓜分豆剖、亡国灭种的危机;20世纪80年代的日本迫于美国压力签订"广场协议",给日本陷入"失落的二十年"埋下伏笔。

新冠疫情使世界百年未有之大变局加速演进,世界经济发展低迷、动力不足,反全球化浪潮兴起,贸易保护主义、单边主义、民族主义、排他主义盛行,以美国为首的西方国家对我国西化、分化的图谋有过之而无不及。意识形态领域斗争依然复杂,国家安全面临新情况。习近平总书记强调:"我们的事业越前进、越发展,新情况新问题就会越多,面临的风险和挑战就会越多,面对的不可预料的事情就会越多。"[1]他明确指出,实现

---

[1] 《习近平谈治国理政》第1卷,外文出版社2018年版,第21页。

伟大梦想，必须进行具有许多新的历史特点的伟大斗争，全党要充分认识这场伟大斗争的长期性、复杂性、艰巨性。加强高校思想政治教育，用习近平新时代中国特色社会主义思想铸魂育人、立德树人，是"进行具有许多新的历史特点的伟大斗争"的题中应有之义。

（2）立德树人是实现中华民族伟大复兴对新时代教育的现实要求。教育事关国家发展、事关民族未来，影响甚至决定国家的长治久安，影响甚至决定民族复兴和国家崛起。我国是中国共产党领导的社会主义国家，这就决定了我们的教育必须把培养和造就社会主义建设者和接班人作为根本任务，培养一代又一代拥护中国共产党领导和我国社会主义制度、立志为中国特色社会主义奋斗终生的有用人才。我们要培养的人才，是能够担当民族复兴大任的时代新人。

立德树人是新阶段教育问题的时代回答。习近平总书记在庆祝中国共产党成立一百周年大会上的重要讲话中庄严宣告，"我们实现了第一个百年奋斗目标，在中华大地上全面建成了小康社会，历史性地解决了绝对贫困问题，正在意气风发向着全面建成社会主义现代化强国的第二个百年奋斗目标迈进"。把中国这样一个经济曾经十分落后的人口大国建成社会主义现代化强国，是人类发展史上前所未有的创举，归根结底是靠人才、靠教育。党和国家事业发展对科学知识和优秀人才的需要比以往任何时候都更为迫切。立德树人教育理念的提出，正是立足新时代这一历史方位，对培养什么人这一教育首要问题的现实回答，反映了"两个大局"历史交汇期的鲜明时代特色，也符合国内外发展新形势和教育改革的新特点新要求。聚焦国家意识的培育和民族复兴己任的担当，培养一大批德智体美劳全面发展的社会主义建设者和接班人，是我国教育现代化的方向目标。

坚持"四为方针"是立德树人的实践指向。共产主义远大理想和中国特色社会主义共同理想始终是凝心聚魂的精神旗帜。西方反华势力策动境内"颜色革命"的活动从没有停止过，对年轻一代进行西方价值观渗透的"政治转基因"活动从没有停止过，借助热点时事和突发事件引爆负面舆情的活动从没有停止过，建设具有强大凝聚力和引领力的社会主义意识形态依然任重道远。从政治建设的高度来认识并着力解决这些问题，就是要坚决保证教育要为人民服务，为中国共产党治国理政服务，为巩固和发展中国特色社会主义制度服务，为改革开放和社会主义现代化建设服务。"四为方针"彰显了我国教育的人民立场和政治属性，定位了人才培养的根本方向，是立德树人必须围绕的实践指向。

（3）立德树人植根于中国特色社会主义伟大实践中。中国共产党历来高度重视思想政治教育工作。立德树人作为中国特色社会主义教育事业发展的根本任务，贯穿于中国共产党在革命、建设和改革的百年奋斗历程中。1957年2月，毛泽东同志明确指出，我国的教育方针是培养受教育者成为有社会主义觉悟的、有文化的劳动者，在德育、智育、体育几方面获得发展，这是我党第一次对教育方针的明确表述，也是首次将德育提到首位并强调其对智育、体育等方面发展的统领。1995年颁布的《中华人民共和国教育法》明确规定：培养德、智、体等方面全面发展的社会主义事业的建设者和接班人。2002年，党的十六大提出，坚持教育为社会主义现代化建设服务，为人民服务，与生产劳动和社会实践相结合，培养德智体美全面发展的社会主义建设者和接班人。2007年党的十七大报告在阐述教育根本任务时确立了育人为本的方针，将社会主义建设者和接班人所要实现的全面发展内涵扩充为"德智体美"四个方面，并强调"德育为先"的宗旨。

党的十八大以来，习近平总书记从实现中华民族伟大复兴的战略全局出发，明确而坚定地提出要培养社会主义建设者和接班人。2012年党的十八大报告指出将立德树人作为我国教育发展的根本任务，将人才培养目标明确为德智体美全面发展的社会主义建设者和接班人。这进一步深化了对教育本质的认识。党的十九大要求"落实立德树人根本任务"。当前，世界百年变局和世纪疫情交织影响，国际环境日趋复杂，不稳定性不确定性明显增加。我国正处于实现中华民族伟大复兴的关键时期，处在全面建成小康社会、实现第一个百年奋斗目标之后，乘势而上，全面建设社会主义现代化国家、向第二个百年奋斗目标进军的阶段。因此，不断增强"四个意识"，坚定"四个自信"，做到"两个维护"，培养和造就社会主义建设者和接班人，必然成为立德树人锚定的新的历史方位。

2. "四史"教育助推大中小学立德树人根本任务的实现

加强"四史"教育，对于大中小学落实好立德树人根本任务、解决好"培养什么人、怎样培养人、为谁培养人"这个根本问题具有重要指导意义。

（1）在奋发有为中践行初心使命。近代以来，为摆脱侵略压迫、实现民族独立和人民解放，无数仁人志士进行了前仆后继的探索和抗争，但都因缺乏科学的理论指导和先进政党的领导，终究未能改变旧中国的社会性质和中国人民的悲惨命运。十月革命一声炮响，给中国送来了马克思列宁主义。诞生于民族危亡时刻的中国共产党，高举马克思主义伟大旗帜，将救亡图存、实现民族复兴和人民幸福融入自己的初心之中，成为我们党推动自身发展和历史前进的源源动力；正是始终铭记初心和使命，我们党团结带领广大人民群众推翻了压在头上的三座大山，完成了新民主主义革命，建立了新中国，实现了中国从几千年封建专制政治向人民民主的伟大飞跃；新中国成立后，我们党依然坚守为人民谋幸福、为民族谋复兴的初心和使命，团结带领人民完成社会主义革命，确立社会主义基本制度，推进社会主义建设，完成了中华民族有史以来最为广泛而深刻的社会变革；肩负推动民族复兴的历史使命，我们党又带领广大人民群众开启了改革开放新的伟大革命；经过长期努力，中国特色社会主义进入了新时代，我们比历史上任何时期都更接近、更有信心和能力实现中华民族伟大复兴的目标，一个在大国执政的大党回望历史铸牢信仰、厚植信念、汲取动力、淬炼品质，自觉主动地担负起奋进新时代的历史重任，把践行初心和使命推向一个更高的新境界。

初心和使命，彰显出穿越历史、直抵当下的鲜明时代价值。通过在大中小学循序渐进行"四史"教育，可以让学生通过历史的长时段、全过程、大坐标，系统科学地体认中国共产党人初心和使命的历史演进，感悟深潜其中的逻辑力量与真理力量，真正做到知史爱党，知史爱国，在奋发有为中践行初心使命。

(2)在常修常炼中坚定理想信念。实践深刻表明，落实立德树人的关键在于培育理想信念。习近平总书记强调，"当代中国青年是与新时代同向同行、共同前进的一代，生逢盛世，肩负重任"，"广大青年要肩负历史使命，坚定前进信心，立大志、明大德、成大才、担大任，努力成为堪当民族复兴重任的时代新人，让青春在为祖国、为民族、为人民、为人类的不懈奋斗中绽放绚丽之花"①。"四史"波澜壮阔、气象万千，是取之不尽的精神宝库和用之不竭的动力源泉。引导青年"立大志、明大德"，"四史"是最好的教科书、最丰富的营养剂。在大中小学循序渐进地开展"四史"教育，引导广大青年学生深入学习以党史为重点的"四史"，用党的奋斗历程和伟大成就鼓舞斗志、明确方向，用党的光荣传统和优良作风坚定信念、凝聚力量，让他们从中坚定理想信念，树立正确世界观、人生观、价值观，对全面推进社会主义现代化建设、实现中华民族伟大复兴中国梦意义深远。

全面系统学"四史"，养成正确世界观。要引导广大青年学生从"四史"中把握历史规律、汲取真理力量，把学习成果转化为不可撼动的理想信念，转化为正确的世界观、人生观、价值观；帮助青年学生全面掌握近现代中国历史发展的来龙去脉和内在机理，正确把握好历史必然性与规律性，在知情意行上拥护党、热爱社会主义。因此，要通过"四史"，加强理想信念教育，坚持马克思主义在意识形态领域指导地位的根本制度，做到旗帜鲜明，既讲"立"，也讲"破"："立"的是马克思主义世界观人生观价值观，"破"的是非马克思主义、反马克思主义的错误思潮和观念，让人们在常态化、制度化的理想信念教育中分清是非、站稳立场。

全面系统学"四史"，养成正确人生观。要通过生动史实和论证引领广大学生补好精神之"钙"，引导广大青年认识到，中国特色社会主义道路

①《习近平在清华大学考察时强调 坚持中国特色世界一流大学建设目标方向 为服务国家富强民族复兴人民幸福贡献力量》，《人民日报》2021年4月20日。

"是由我们党的几代中央领导集体团结带领全国人民历经千辛万苦、付出各种代价、接力探索取得的";认识到"没有共产党就没有新中国"的硬道理,始终听党话、跟党走,认识到无论是推翻压在人民头上的"三座大山"、建立新中国,还是改革开放取得的伟大成就,尤其是中国特色社会主义进入新时代,全面建成小康社会取得伟大历史性成就,脱贫攻坚战取得全面胜利,这些彪炳史册的光辉业绩,离开中国共产党的坚强领导都不可能完成。青年是人生观形成的关键时期,要在深入思考学"四史"中,让理想信念和奋斗精神在广大青年心中生根发芽,形成持续的正向激励作用,帮助广大青年"扣好人生第一粒扣子",在知史明史中凝望未来,以实际行动和奋斗姿态开辟更加美好的未来。

全面系统学"四史",养成正确价值观。习近平总书记指出:"实现中国梦是一场历史接力赛,当代青年要在实现民族复兴的赛道上奋勇争先。时代总是把历史责任赋予青年。新时代的中国青年,生逢其时、重任在肩,施展才干的舞台无比广阔,实现梦想的前景无比光明。"①"四史"是一个充满理想信念光辉的精神宝库,我们要把"四史"作为坚定理想信念的"活教材",引导青年学生学习和弘扬革命先辈对崇高理想矢志不渝、对党和人民无比忠诚、对革命事业锲而不舍的伟大精神。要结合青年尊崇真理、崇尚英雄的特点,有效引导青年在全面总结、深入学习"四史"特别是百年党史中锤炼担当品格,将理想之"魂"、本领之"体"附于担当之"行";要培养青年学生敢于担当的精神,使青年能够知难而进、克难而上,能够在关键时刻站得出,在困难面前豁得出,在责任面前担得起,在使命当中扛得住;要引导青年认同中国共产党带领人民在革命、建设和改革中作出的巨大贡献,触动他们念党情、感党恩,相信党、跟党走;要发动各级团组织青年骨干深入青年当中开展党史学习、宣传和教育活动,让有理想的人讲理想,推动青年在同榜样的交流互动中受到教育、获得启发,完成思想碰撞、心灵互动和观念重塑,焕发出奋斗的激情,进一步坚定远大理

---

① 《习近平谈治国理政》第 4 卷,外文出版社 2022 年版,第 273 页。

想；要推动青年学生把实现个人价值的"小我"与实现中华民族伟大复兴中国梦的"大我"有机融合，更加坚定自觉地为党和国家的事业努力奋斗，让青春在祖国和人民需要的地方绽放绚丽之花。

（3）在耳濡目染中厚植家国情怀。爱国主义是中华民族精神的核心。"爱国，是人世间最深层、最持久的情感，是一个人立德之源、立功之本。"①厚植爱国主义情怀，把爱国情、强国志、报国行自觉融入坚持和发展中国特色社会主义事业、建设社会主义现代化强国、实现中华民族伟大复兴的奋斗之中，是广大青年义不容辞的政治责任，必须铭记笃行。通过"四史"学习，引导青年学生认识到我们伟大的祖国从站起来、富起来到强起来的巨变，懂得感恩，深刻理解成绩来之不易，接下来的目标更伟大、任务更繁重、挑战更艰巨，认识到青年一代建设者的使命和责任；把个人理想追求融入民族伟大复兴的中国梦，在党要牢记"第一身份""第一责任"，在团要牢记"党旗所指就是团旗所向"，在民要不忘"身在草野心怀天下"，一举一动笃志行；不论学历高低、经历多少、资历长短，都要把家国情怀转化为青春奋斗激情，在各自的岗位上主动站前列，自觉创一流，用青春和奋斗浇灌爱国之花、结出报国之果。

（二）激发大中小学思政课一体化建设的历史使命感

"四史"中包含了党经历的挫折和苦难、凝聚着伟大建党精神，包含了新中国成立以来的沧桑巨变与辉煌成就、创造了世所罕见的"两大奇迹"，包含了改革开放以来的艰辛探索和重大创新、书写了党领导中国人民艰苦创业、由富到强的绚丽史诗，包含了世界社会主义运动的波澜壮阔和跌宕起伏，彰显了社会主义的光明前景，这有助于激发学生在知史惜今中自觉肩负起青春责任和时代使命，激发大中小学思政课一体化建设的历史使命感，促使学生在水到渠成中担负起实现中华民族伟大复兴接续奋斗的使命

---

① 习近平：《在北京大学师生座谈会上的讲话》，《人民日报》2018 年 05 月 03 日 02 版。

和责任。

1. 历史使命：理论自觉和政治坚定的高度统一

1840 年以后，中国逐步沦为半殖民地半封建社会，中华民族处在漫漫长夜，人民生活在水深火热之中。从那时起，摆脱西方列强的侵略压迫，实现民族的复兴和人民的自由幸福就成为中华儿女最强烈的梦想，就成为中国那个时代无法抗拒的历史潮流。虽然当时先进的中国人为此进行了前仆后继的探索与斗争，但都因缺乏科学的理论指导和先进的政党领导而失败。新的斗争实践呼唤新的理论自觉，并催生新的政治势力。为了适应中国人民、中华民族的需要，在马克思主义传播基础上，中国共产党应运而生、顺势而为。中国共产党一经成立，就义无反顾肩负起救国救民、实现中华民族伟大复兴和人民幸福的历史使命。我们党践行初心、担当使命，带领全国各族人民历经开天辟地、改天换地、战天斗地、翻天覆地、经天纬地，迎来了从站起来、富起来到强起来的三次伟大飞跃，尽显历史使命和行动价值，是理论自觉和政治坚定的高度统一。

我们党带领全国人民同舟共济、攻坚克难，创造了"新民主主义革命的伟大成就""社会主义革命和建设的伟大成就""改革开放和社会主义现代化建设的伟大成就""新时代中国特色社会主义的伟大成就"，关键就在于我们党以为中华民族谋复兴的历史使命为指路明灯，照亮了中国人民前进的道路和方向。

从新民主主义革命时期、社会主义革命和建设时期、改革开放和社会主义现代化建设新时期，直到中国特色社会主义新时代，我们党始终坚持理论与实践相结合、逻辑与历史相统一原则，紧密结合党在不同历史时期的中心任务，不断推进实现中华民族伟大复兴的光辉历程。中国共产党成立后，就团结带领人民为实现民族独立、人民解放进行艰苦卓绝的斗争，经过 28 年的浴血奋战，推翻了压在中国人民头上的"三座大山"，完成了新民主主义革命，建立了中华人民共和国，使中华民族和中国人民从此"站起来"了；新中国成立后，党为了使全国人民站得"更直"、走得"更稳",继续团结带领全国人民进行社会主义革命,确立了社会主义基本制度,并探索推进社会主义建设,为在新制度条件下继续推进中华民族伟大复兴奠定了坚实基础;1978年党的十一届三中全会后,我国进入改革开放和社会主义现代化建设新时期,我们党团结带领人民进行改革开放这场新的伟大革命,破除阻碍党和国家发展的一切思想和体制障碍,开辟了中国特色社会主义道路,使中国大踏步赶上时代,实现了中华民族从站起来到富起来的伟大飞跃;党的十八大以来,中国特色社会主义进入新时代,以习近平同志为核心的党中央团结带领全党和全国人民进行伟大斗争、建设伟大工程、推进伟大事业、实现伟大梦想,中华民族迎来了从站起来富起来到强起来的伟大飞跃。

中国特色社会主义进入新时代,实现中华民族伟大复兴面临新的历史机遇和时代挑战。当前,我们即将踏上实现第二个百年奋斗目标、建设富强民主文明和谐美丽的社会主义现代化强国的新征程。在新的历史起点上,中国共产党必将紧紧围绕实现中华民族伟大复兴这一发展主线,不断开辟中国特色社会主义新境界。

2. "四史"教育有助于激发大中小学生的历史使命感

大中小学思政课一体化建设需要把"爱国情、强国志、报国行"自觉融入坚持和发展中国特色社会主义事业、建设社会主义现代化强国、实现中华民族伟大复兴的奋斗之中"。中国共产党自成立之日起,就以实现中华民族伟大复兴为己任。这个初心和使命是激励中国共产党人不断前进的根本动力。在历史使命感召下,中国共产党以强烈的责任意识与担当精神,团结全国各族人民同心同德、艰苦奋斗,取得了令世界刮目相看的伟大成就,书写了感天动地的奋斗史诗。

历史使命感驱动学生从"知责任"到"行责任"。在大中小学循序渐进地进行"四史"教育,强调党的历史使命,可发挥榜样引领作用,激励学生像英雄模范那样奋斗,将人生理想融入国家和民族的事业中,将报国行落在实处。通过"四史"教育,使学生认识到,中国人民拥有的一切,凝聚着中国人的聪明才智，浸透着中国人的辛勤汗水，蕴涵着中国人的巨大牺牲；流淌于中华民族血脉中的伟大奋斗精神，鼓舞着我们继续书写伟大奋斗的历史新篇章。为了民族复兴、人民幸福，无数英雄儿女献出宝贵生命，他们用滚滚热血昭示了"谁是最可爱的人"，是他们坚守了"天下兴亡，匹夫有责"的民族气节，是他们锤炼了不畏牺牲、敢于斗争的红色风骨。通过"四史"教育，引导学生树立历史使命意识，敢于担当、勇于奋斗，刚健有为、自强不息，将个人志向与国家民族命运紧密相连，将个人成才与中华民族伟大复兴有机结合。

历史使命感确保学生行动的正确性。要完成伟大事业，仅有奋斗信仰只是必要条件而非充分条件，更需要制定切实可行的方案。肩负历史使命，学生可从"四史"教育中总结历史经验，牢记历史教训，把握历史规律，进而丰富头脑、开阔眼界、提高修养、增强本领，最终有能力将报国行落在正确的实践里。在"四史"教育所激发的历史使命的鼓舞下，学生能更好地知史明责，知史图进，大中小学思想政治理论课一体化建设自身便获得不断升级改进发展的良性运作，实现人才培养中知、情、意、行相统一。

第三章 "四史"教育融入大中小学思政课一体化的历程与现状

"教书育人，以德为先"的教育理念历来是中华民族的优良传统。习近平总书记强调，育人的根本在于立德。将立德树人融入素质教育，培养德智体美劳全面发展的社会主义建设者和接班人，是推进教育现代化的重要方向和目标。中国特色社会主义进入新时代，以习近平同志为核心的党中央把"立德树人"作为教育的根本任务，将德育教育提升到前所未有的战略高度，并作出一系列重大部署和重要安排。统筹推荐大中小学思政课一体化建设正是在此背景下，不断总结经验、丰富发展的结果。本部分认真回顾总结大中小学思政课一体化建设的背景及其发展历程，对"四史"教育融入大中小学思政课一体化建设的现状进行系统分析，以期为制定相应的政策和策略提供一定借鉴并给予助力。

一、"四史"教育融入大中小学思政课一体化的背景和历程

以史为鉴，可以知兴替。"四史"教育融入大中小学思政课一体化建设始终伴随着中华人民共和国的历史而不断发展进步，走过了一段非凡的历程。毛泽东指出："指导一个伟大的革命运动的政党，如果没有革命理论，没有历史知识，没有对于实际运动的深刻的了解，要取得胜利是不可能的。"①所

---

① 《毛泽东选集》第 2 卷，人民出版社 1991 年版，第 533 页。

以，认真回顾总结"四史"教育融入大中小学思政课一体化建设的背景及其历程，是思想政治教育学科的重要任务，是传承和发扬中国特色社会主义伟大事业的必然要求。

(一)"四史"教育融入大中小学思政课一体化的时代背景

1. 两个大局：大中小学思政课一体化建设的基本出发点

习近平总书记指出："中华民族伟大复兴的战略全局""世界百年未有之大变局"，是我们谋划工作的基本出发点。① 从一般意义上说，中华民族伟大复兴的战略全局是国内大局，即要实现"两个一百年"奋斗目标；世界百年未有之大变局是国际大局，即新兴行为体的强势崛起引发了国际格局和国家关系的洗牌和重塑。国内大局与国际大局同步交织、相互激荡，你中有我、我中有你，既相互影响又互为机遇，在中国与世界深度互动和并肩前行中推动建设新型国际关系和共同构建人类命运共同体。中华民族伟大复兴的核心是"复兴"，其给世界百年未有之大变局带来的是全球治理改善中的中国智慧和世界秩序重塑中的中国力量；世界百年未有之大变局的核心是"变局"，其给中华民族伟大复兴带来的是全球要素配置中的中国机遇和国际力量洗牌中的中国机会。两个大局是当代中国的谋事之基，也为"四史"教育融入大中小学思政课一体化建设提供了难得的机遇。

(1)正确理解两个大局。两个大局既是以习近平同志为核心的党中央运用马克思主义辩证思维对当前国情世情作出的全局性重大战略判断，也蕴含着指导经济社会发展的方法论。两个大局体现了目标导向和问题导向的统一、机遇意识和风险意识的统一、战略思维和底线思维的统一、立足国内和放眼世界的统一。正确理解和把握两个大局，有助于帮助学生研判趋势，从国内和国际视角综合分析问题，把握国家的大政方针政策、客观认知国际环境变化对中国国内发展与国际互动的影响。

---

① 《习近平谈治国理政》第3卷，外文出版社2020年版，第77页。

中华民族伟大复兴的战略全局，一个"全"字，表明它是全体中国人民的伟大梦想，我们各方面工作都要致力于、服务于实现这个伟大梦想。中华民族是世界上古老而伟大的民族，创造了绵延五千多年的灿烂文明，为人类文明进步作出了不可磨灭的贡献。但近代以来，由于西方列强入侵和封建统治腐败，中国逐步沦为半殖民地半封建社会，国家蒙辱、人民蒙难、文明蒙尘，中华民族遭受了前所未有的劫难。从那时起，实现中华民族伟大复兴，就成为中国人民和中华民族最伟大的梦想。何为中国梦？习近平总书记明确指出，"实现中华民族伟大复兴，就是中华民族近代以来最伟大的梦想""这个梦想，凝聚了几代中国人的夙愿，体现了中华民族和中国人民的整体利益，是每一个中华儿女的共同期盼"①。中国共产党从诞生以来，便致力于救国救民，为国家谋富强，为人民谋幸福，为民族谋复兴，苦苦探索复兴之路，实现中华民族伟大复兴的中国梦贯穿整个百年党史，成为中国共产党百年奋斗的最大主题。新民主主义革命时期，中国共产党为争取民族独立、人民解放，经过艰苦卓绝的武装斗争，团结全国人民推翻了帝国主义、封建主义、官僚资本主义三座大山，建立了新中国，为实现中华民族伟大复兴创造根本社会条件。社会主义革命和建设时期，党领导人民战胜政治、经济、军事等方面一系列严峻挑战，成功完成了社会主义改造，实现了从新民主主义到社会主义的转变，在古老的中华大地上确立了崭新的、具有强大生命力的社会主义制度，为实现中华民族伟大复兴奠定根本政治前提和制度基础。改革开放和社会主义现代化建设新时期，党团结带领全党全国各族人民，作出把党和国家工作中心转移到经济建设上来、实行改革开放的历史性决策，成功开创了中国特色社会主义，为实现中华民族伟大复兴提供充满新的活力的体制保证和快速发展的物质条件。党的十八大以来，中国特色社会主义进入新时代，我们党以伟大的历史主动精神、巨大的政治勇气、强烈的责任担当，为实现中华民族伟大复兴提供了更为完善的制度保证、更为坚实的物质基础、更为主动的精神

---

① 《习近平谈治国理政》第 1 卷，外文出版社 2018 年版，第 36 页。

力量。今天，全面建成小康社会如期实现，党和国家事业取得历史性成就、发生历史性变革，中华民族迎来了从站起来、富起来到强起来的伟大飞跃，中华民族伟大复兴进入了不可逆转的历史进程。

世界百年未有之大变局，一个"变"字，高度概括了当今世界形势的特点。这个变化，不仅体现为生产方式、生活方式、思维方式等正在发生改变，更体现为世界经济格局、全球治理体系、国际力量对比正在发生改变。这一变局是十月革命、第一次世界大战结束以及五四运动百余年来，世界政治、经济、军事、科技等领域发生的全球历史性革命性变化。其一，这是百年未有之权力转向。新兴市场国家和发展中国家快速崛起，国际力量对比更趋均衡，百年来国际主导权"西方化"的历史惯性有望发生改变。其二，这是百年未有之社会主义振兴。苏东剧变后，"马克思主义过时论""历史终结论"一度喧嚣尘上。经过长期努力，中国特色社会主义的成功使科学社会主义焕发出生机和活力，世界发生了有利于马克思主义、社会主义的深刻转变。其三，这是百年未有之人类进步。回顾历史上的大变局，大多通过血雨腥风的战争、以战后条约体系的方式定局，国际秩序的崩溃和重建疾风骤雨。当前大变局总体呈现和平、渐进式发展，不再走殖民争霸、大国战争的老路，不再是单一国家崛起，以中国为代表的新兴力量通过自身发展，实现和平发展；不再以推翻旧秩序为目标，而是新兴力量积极利用、改革和完善现有国际秩序。

中华民族伟大复兴的战略全局与世界百年未有之大变局，这同一时空下的两大趋势必然会形成历史性交汇，相互作用、相互激荡。当前，中华民族伟大复兴迎来了无比光明的前景，但也处于愈进愈难而又非进不可的时候，继续深化改革开放的任务十分艰巨。同时，在世界百年未有之大变局中，世界面临的不稳定性不确定性突出，世界格局的演变还要经历一个长期过程，人类社会面临各种严峻挑战。这种内部发展与外部变化叠加在一起，既蕴含重大机遇，也带来新的挑战。变化之中蕴藏着机遇，蕴藏着解决矛盾的"钥匙"。如果我们能发挥主观能动性，许多时候就能转危为安、化危为机，获得新的发展动力。

（2）两个大局是我们的谋事之基。中华民族伟大复兴的核心是"复兴"，其给世界百年未有之大变局带来的是全球治理改善中的中国智慧和世界秩序重塑中的中国力量；世界百年未有之大变局的核心是"变局"，其给中华民族伟大复兴带来的是全球要素配置中的中国机遇和国际力量洗牌中的中国机会。两个大局是我们的谋事之基，为"四史"教育融入大中小学思政课一体化建设提供了难得的机遇。

中华民族伟大复兴的战略全局，是党中央关于新时代中国发展目标方向的重大战略部署。"战略问题是一个政党、一个国家的根本性问题。战略上判断得准确，战略上谋划得科学，战略上赢得主动，党和人民事业就大有希望。"①中华民族伟大复兴，是我们党初心和使命的重要体现。党的十八大以来，我们党统筹推进"五位一体"总体布局和协调推进"四个全面"战略布局，并提出加快形成以国内大循环为主体、国内国际双循环相互促进的新发展格局，都是为了更好把握民族复兴这一战略全局。面向新时代，我国继续发展多方面优势和条件，如制度优势显著、经济长期向好、物质基础雄厚、人力资源丰厚、市场空间广阔、发展韧性强大、社会大局稳定。它为大中小学思政课一体化建设赋予新的内涵，即必须着眼于中国经济、社会和科技、教育发展的实际，着眼于马克思主义理论的发展和创新，站在中华民族伟大复兴战略全局的高度，不断推进"四史"教育融入大中小学思政课一体化建设。

习近平总书记深刻指出，"当今世界正经历百年未有之大变局"，"当前全球治理面临着复杂形势，国际秩序处在关键十字路口，实质是多边主义和单边主义之间何去何从的问题。现行国际秩序并不完美，但不必推倒重来，也不需另起炉灶，而是应在悉心维护的基础上改革完善。各国应承担起各自使命责任，开展建设性对话，坚持求同存异，坚持多边主义，为实现构建人类命运共同体这一宏伟目标发挥正能量"。② 和平与发展仍然是

---

① 《习近平谈治国理政》第4卷，外文出版社2022年版，第31页。
② 《习近平会见出席"2019从都国际论坛"外方嘉宾》，《光明日报》2019年12月4日。

时代主题，同时国际环境日趋复杂，不稳定性不确定性明显增强。一方面，人类交往的世界性比以往任何时候都更加深入、更加广泛，世界多极化、经济全球化、社会信息化、文化多样化持续深入推进，和平、发展、合作、共赢是不可抗拒的时代潮流。另一方面，人类面临全球性问题的数量、规模和程度前所未有，治理赤字、信任赤字、和平赤字、发展赤字成为全世界的共同挑战。当前，新冠肺炎疫情全球大流行使世界百年未有之大变局加速变化，保护主义、单边主义上升，世界经济低迷，全球产业链供应链面临冲击，国际经济、科技、文化、安全、政治等格局都在发生深刻调整。这就要求我们，从中国和世界的联系互动中深入研究"四史"教育融入大中小学思政课一体化建设的课题，树立国际视野、具有世界眼光。

2. 警惕当代西方社会思潮的消极影响

社会思潮是一种社会意识，是一定时期和一定范围内反映一定阶级、阶层的利益和要求，得到广泛传播并对社会生活产生一定影响的思想倾向、价值观念和理论体系。"当代西方社会思潮"是以我国学界对西方哲学的划分为依据，即依据西方资本主义社会发展的不同阶段，把17世纪至19世纪下半叶的哲学叫作近代哲学，把19世纪末或20世纪初以来到20世纪六七十年代的哲学叫作现代哲学，而把20世纪六七十年代以后新产生的哲学称为后现代哲学。其中"近代哲学"在内容上是指从以笛卡尔到黑格尔为主要代表的哲学形态，"现代哲学"主要指19世纪末或20世纪初以来形成的哲学形态；形成于20世纪六七十年代，以西方发达资本主义国家进入所谓"后现代社会""后工业社会"为背景，以一种批判、否定西方传统主流哲学文化为主要特征的理论思潮称为后现代哲学。由于进入20世纪尤其是六七十年代以来，西方思想研究已经越来越呈现多元化的视角，主要以社会批判和文化批评为主体内容，而非传统意义上的"哲学"，因此人们通常把进入20世纪以来的各种思想流派笼统地称为"当代西方社会思潮"。

随着经济社会的发展和思想解放的深入推进，我国社会在改革开放中深刻转型。我们确立起公有制为主体、多种所有制经济共同发展的基本经济制度，形成按劳分配为主体、多种分配方式并存的基本分配制度。我国社会阶层结构、利益格局都发生深刻变化，社会阶层更加多样，利益关系日趋复杂，人们的思想观念、价值取向等也随之更加多元多变。在意识形态领域，社会思潮纷纭激荡，主流意识与多样化社会意识并存，传统思想观念与现代思想观念相互交织，本土文化与外来文化相互碰撞。因此我们必须清醒认识到，在全球化发展的潮流下，各种西方社会思潮涌入我国社会，我国在坚持社会主义意识形态主导地位的基础上，也受到各种西方社会思潮的影响与冲击，西方敌对势力对我国的"西化"和"分化"，渗透和反渗透、颠覆和反颠覆的斗争长期存在。这也是我国大中小学思政课一体化建设中需要应对的挑战。

（1）马克思主义指导地位面临当代社会思潮的影响与挑战。一方面，马克思主义作为我们立党立国根本指导思想的地位不断巩固，马克思主义中国化最新成果深入人心；另一方面，各种社会思潮对马克思主义一元化指导地位的冲击和挑战日益凸显。例如，长期存在的新自由主义、西方宪政民主、中国崩溃论、历史虚无主义、后现代主义、后殖民理论等，总体上看其影响程度逐渐下降，但它们仍寻机发声，有时彼此呼应，形成噪音杂音，冲击主流意识形态的地位和影响。翻开历史，殷鉴不远。有的国家正是由于没有处理好价值观念上的分歧，致使社会矛盾增多、不稳定因素增加，甚至造成思想混乱、社会动荡。20世纪90年代，强大的苏联解体和苏共瓦解。"冰冻三尺，非一日之寒"，苏联解体的原因是复杂的，有帝国主义和平演变的外部原因，有社会主义实践过程中的失误与弊端，如苏联民族政策的问题、苏共腐败的问题、苏联制度的僵化等重要原因，但一个最深层次最直接的原因还是苏联意识形态防线的崩溃。从赫鲁晓夫反斯大林的"秘密报告"，到索尔仁尼琴、萨哈罗夫等一些所谓的"不同政见者"助长苏联意识形态的西化分化的倾向，再到戈尔巴乔夫推行所谓的"人道的民主社会主义"路线，主张党内意识形态多元化，要求炸毁过去的一切，苏联文化软实力大厦的坍塌，意识形态防线的彻底崩溃，成为苏东剧变的前奏。

"当代西方社会思潮"以后现代主义、后殖民理论、女性主义和社会性别等为主要代表，对马克思主义在意识形态领域的指导地位也构成挑战，马克思主义在有的领域被边缘化、空泛化、标签化的现象还不同程度地存在。在一定意义上可以说，一部马克思主义发展史，就是一部同各种非马克思主义、反马克思主义的流派和思潮斗争的历史。例如：19 世纪 40 年代，马克思、恩格斯同封建的社会主义、小资产阶级社会主义以及空想社会主义的斗争；19 世纪六七十年代马克思主义同普鲁东主义、巴枯宁主义、拉萨尔主义以及杜林主义的斗争；19 世纪末 20 世纪初，列宁及其战友同伯恩施坦主义、考茨基主义的斗争；20 世纪中晚期马克思主义者与以戈尔巴乔夫为代表的民主的人道的社会主义的斗争；20 世纪最后 20 年，中国马克思主义者与新自由主义、历史虚无主义等思潮的斗争等。一代代的马克思主义者正是在同各种错误思潮的斗争中，把马克思主义推进到了一个又一个新的阶段，使马克思主义始终保持着青春的朝气和活力。那么，以后现代主义、后殖民理论、女性主义和社会性别研究为主要代表的当代西方社会思潮传入中国后，马克思主义同样地面临这些社会思潮的影响与挑战，面临着与其交锋的过程。

(2)社会主义核心价值观面临多元化价值观念的影响与挑战。核心价值观是一个国家的重要稳定器，能否构建具有强大感召力的核心价值观，关系社会和谐稳定，关系国家长治久安。培育和践行社会主义核心价值观是凝魂聚气、强基固本的基础工程。要通过培育和践行社会主义核心价值观，让全体人民在理想信念、价值理念、道德观念上紧紧团结在一起，不断巩固和发展全体人民团结奋斗的共同思想基础。习近平总书记对宣传思想文化工作作出重要指示，明确提出"七个着力"，"着力培育和践行社会主义核心价值观"①是其中的重要内容。党的十八大以来，以习近平同志为核心的党中央高度重视意识形态工作，把坚持社会主义核心价值体系纳入

① 《习近平对宣传思想文化工作作出重要指示强调 坚定文化自信秉持开放包容坚持守正创新 为全面建设社会主义现代化国家全面推进中华民族伟大复兴提供坚强思想保证强大精神力量有利文化条件》，《光明日报》2023 年 10 月 09 日。

新时代坚持和发展中国特色社会主义的基本方略。在培育和践行社会主义核心价值观的过程中，先进模范典型的示范作用充分发挥，群众性精神文明创建活动不断深化，社会公德、职业道德、家庭美德、个人品德建设取得丰硕成果，国家文化软实力和中华文化影响力显著提升，社会主义核心价值观内化于心、外化于行、教化于众，充分发挥凝聚社会共识、增强人民精神力量的重要作用。通过培育和践行社会主义核心价值观，不断强化中华民族的精神之钙、当代中国的兴国之魂，全党全国各族人民"四个自信"明显增强，精神面貌更加奋发昂扬。

但也应当看到，随着社会变革深入推进，人们思想观念和价值取向的多样性、独立性、选择性、差异性不断增强，用社会主义核心价值观引领和整合多元价值观念的难度在加大。比如功利主义、物质主义、拜金主义、极端个人主义等，冲击作为社会主义价值观之基础的集体主义精神、团结互助精神、奉献精神等；西方消费主义、娱乐至上、解构主义等思潮的影响，造成"去思想化""去价值化""去中心化""去主流化""去历史化"，也增加了人们思想价值观念的多元复杂性；不良"饭圈文化"的恶趣味、病态化、极端性，借助声势浩大的娱乐狂潮，不利于青少年提高辨别力、提升判断力以及树立正向积极的审美观与价值观，等等。这些问题造成一些人价值观混乱，对培育和弘扬社会主义核心价值观带来不利影响。如何把握正确思想舆论导向，唱响主旋律，壮大正能量，做强做大主流意识形态，增强对多样化社会思潮的统领和整合能力，不断增强时代感、吸引力、引领力、凝聚力，仍然是新时代意识形态工作的艰巨任务。

（3）中国日益走近世界舞台中央，面临国际上一些势力的遏制与渗透。经过改革开放40多年的不懈努力，我们创造了经济快速发展和社会长期稳定两大奇迹，不断以自身发展为世界创造更多机遇。近10年来，中国经济对世界经济增长的年平均贡献率超过30%，一直是推动世界经济增长的最大引擎；搭建起进博会、服贸会、链博会等合作平台，深化多双边和区域经贸合作，扩大面向全球的高标准自由贸易区网络，不断带来新的发展机遇；构建人类命运共同体从理念转化为行动，全球发展倡议、全球安全倡议、全球文明倡议等一系列重大倡议应运而生，带动多个领域的全球治理取得重要进展；成功推进和拓展了中国式现代化，给世界上那些既希望加快发展又希望保持自身独立性的国家和民族以极大的启示和鼓舞……随着中国日益走近世界舞台中央，国际影响力、感召力、塑造力显著提升，中国的发展道路、发展理念、发展经验得到国际社会广泛认同，中国智慧、中国方案、中国贡献得到世界各国高度赞誉。

但一些西方国家认为中国崛起是对其社会制度和价值观的挑战、对现存国际秩序的挑战，进而大肆渲染"中国威胁论""中国称霸论""中国不遵守国际规则论"，到处煽风点火、混淆视听。"中国崩溃论"和"中国威胁论"一起作为西方对华话语中的高频词交替出现，其逻辑在于西方霸权国家认为中国对其全球霸权地位构成"威胁"。西方霸权国家将"中国崩溃论""中国威胁论"作为一种意识形态攻击工具，一方面扰乱中国国内的思想场域，另一方面对中国与其他国家的关系产生负面影响。不断抛出"中国崩溃论""中国威胁论"是一种类似"上兵伐谋"的策略，是服务于西方对社会主义中国的和平演变战略的。总之，一些西方敌对势力对我实施西化、分化的图谋一直没有改变，总是借机插手我国内部矛盾和问题，蓄意制造各种事端。

(4)意识形态管理工作方式面临新媒体的影响与挑战。随着信息社会的快速发展和媒介技术的不断演进，网络媒体打破了传统媒体对信息资源的掌控和垄断，成为信息传播的主渠道，传统党报党刊党媒面临着新的挑战。在互联网这个"舆论斗争的主战场"，能否顶得住、打得赢，直接关系我国意识形态安全和政治安全。习近平总书记在党的二十大报告中指出，要"强化经济、重大基础设施、金融、网络、数据、生物、资源、核、太空、海洋等安全保障体系建设"①。其中就包括网络安全保障体系建设，强调要"健全网络综合治理体系，推动形成良好网络生态"。党的十八大以

---

① 习近平：《高举中国特色社会主义伟大旗帜 为全面建设社会主义现代化国家而奋斗——在中国共产党第二十次全国代表大会上的报告》，人民出版社2022年版，第53页。

来，以习近平同志为核心的党中央准确把握网络社会发展的新动向和新特点，密切结合马克思主义意识形态理论与网络信息工作实践，高度重视网络意识形态安全，从"最前沿""最大变量"和"维护国家政治安全""长期执政"等角度不断推进网络意识形态安全治理现代化，让网络空间主旋律更加响亮，正能量更加强劲。

当前，互联网不仅是意识形态工作的最前沿和主阵地，而且已成为意识形态斗争的主战场。互联网领域发展不平衡、规则不健全、秩序不合理、共享不充分等问题日益凸显，许多新情况新矛盾新问题往往因网而生、因网而增。一些西方国家倚仗网络技术优势，长期在网络空间推行霸权主义。美国就凭借先发优势拥有全世界 13 个根服务器中的 10 个，并对全球互联网域名体系和 IP 地址分配有着绝对控制权。与美国等西方发达国家相比，我国在高端芯片、开发平台和基本算法等方面仍然存在较大差距和局限。此外，一些错误思潮以网络新媒体为平台生成、发酵和传播。做好意识形态工作，必须过好互联网和新媒体这一关。必须清醒认识到，一些西方国家在意识形态话语权争夺中仍占据优势地位，网络新媒体已成为其对我国进行意识形态渗透的主要依托。这给我国意识形态管理工作带来新的问题和挑战，而传统的管理方式和做法远不能适应网络新媒体的迅速发展。

习近平总书记强调，我们的事业越前进、越发展，面临的风险和挑战就会越多，面对的不可预料的事情就会越多。他明确指出，实现伟大梦想，必须进行"具有许多新的历史特点的伟大斗争"，"全党要充分认识这场伟大斗争的长期性、复杂性、艰巨性"①。要加强新时代社会主义意识形态建设，做好网络意识形态安全治理，必须统筹国内国际两个大局。习近平总书记指出，"我们要把握国际传播领域移动化、社交化、可视化的趋势，在构建对外传播话语体系上下功夫，在乐于接受和易于理解上下功

---

① 《习近平谈治国理政》第 3 卷，外文出版社 2020 年版，第 12-13 页。

夫，让更多国外受众听得懂、听得进、听得明白，不断提升对外传播效果"①。要进一步提升我国参与网络空间国际治理的能力与水平，加快提升我国对网络空间的国际话语权和规则制定权，不断通过网络传播技术创新来提升在国际网络传播治理中的辐射力，不断通过网络传播内容创新来提升在国际网络传播治理中的影响力，不断通过构建网络空间命运共同体来提升在国际网络传播治理中的感召力，推动全球互联网治理朝着更加公正合理的方向迈进。

3. 警惕历史虚无主义对"四史"的重构和解构

历史虚无主义的主攻方向是历史，用"重写历史""反思历史""翻案历史"等方式裁剪、重塑历史，看待历史，只看问题，不看成绩，只看细节，不看整体，只看现象，不看本质，只看历史片段，不看历史的前后联系，妄图通过否定中国近现代史、中国共产党历史以及中华人民共和国历史来扰乱人们尤其是青少年的正确历史观，充满破坏性。因此，习近平总书记深刻地指出："历史虚无主义的要害，是从根本上否定马克思主义指导地位和中国走向社会主义的历史必然性，否定中国共产党的领导。要警惕和抵制历史虚无主义的影响，坚决抵制、反对党史问题上存在的错误观点和错误倾向。"②可见，历史虚无主义是要否定中国共产党、反诬马克思主义、攻击社会主义道路、质疑改革开放，逐步从怀疑历史走向否定历史，归根结底是要实现其改旗易帜的目的。

（1）诋毁甚至否定中国共产党的领导。中国共产党的坚强领导是党和人民事业发展的决定性因素，关乎事业成败、关乎前途命运。中国共产党的执政地位源自历史和人民的选择，是建立在为国家、为人民长期奋斗的历史之上的。近代以来在各种救国方案轮番失败的情势下，历史和人民选择中国共产党以新的思想引领救亡运动、以新的组织凝聚革命力量，使新

---

① 《习近平谈治国理政》第3卷，外文出版社2020年版，第319-320页。

② 《历史是最好的教科书：学习习近平同志关于党的历史的重要论述》，中共党史出版社2014年版，第8页。

民主主义革命一次又一次转危为安，使社会主义革命和建设能够根据中国国情在探索中前行，使改革开放和社会主义现代化建设得以开创与推进，使新时代中国特色社会主义发生历史性变革。一百年来中国共产党的坚强领导贯穿于新民主主义革命、社会主义革命和建设、改革开放和社会主义现代化建设、新时代中国特色社会主义的全部历史过程，创造了一系列社会主义事业发展的伟大成就，使具有 500 多年历史的社会主义主张在世界上人口最多的国家成功开辟出具有高度现实性和可行性的正确道路，让科学社会主义在 21 世纪焕发出新的蓬勃生机。可以说，党的执政地位与党的历史已经融为一体，虚无党的历史就是否定党的执政地位。

历史虚无主义围绕中国共产党历史上各个时期的重大历史事件和问题，重点抨击中国共产党的领导地位。我们要深刻认识这些观点的本质，是要架空中国共产党获得执政地位的合法性根基，这是一个根本性的颠覆。[1]

（2）反诬马克思主义是"历史虚无主义"。马克思主义是揭示人类社会的发展规律、指引人类社会进步的科学真理，是我们立党立国、兴党强国的根本指导思想。中国共产党从成立之日起就把马克思主义确立为指导思想，高举马克思主义、共产主义的旗帜，新中国成立后更是把马克思主义进一步确立为立党立国的根本指导思想并长期坚持。在深刻认识和正确把握马克思主义的科学性、真理性的同时，党始终坚持马克思主义在意识形态领域的指导地位，确保意识形态建设的正确前进方向和发展道路。

习近平总书记指出："马克思主义是我们立党立国的根本指导思想，是我们党的灵魂和旗帜。中国共产党坚持马克思主义基本原理，坚持实事求是，从中国实际出发，洞察时代大势，把握历史主动，进行艰辛探索，不断推进马克思主义中国化时代化，指导中国人民不断推进伟大社会革命。"[2]新时代，习近平总书记直面多年来存在的众多问题，坚决纠偏纠错、

----

① 刘亚男，王振波：《历史虚无主义对历史和人民"四个选择"的全面解构及其治理路向》，《思想教育研究》2021 年第 1 期。
② 《习近平谈治国理政》第 4 卷，外文出版社 2022 年版，第 9-10 页。

拨乱反正、守正创新、正本清源，不仅多次强调要坚持马克思主义在意识形态领域的指导地位，而且使之成为党和国家的根本制度。他强调："宣传思想工作就是要巩固马克思主义在意识形态领域的指导地位，巩固全党全国人民团结奋斗的共同思想基础。"①"中国共产党为什么能，中国特色社会主义为什么好，归根到底是因为马克思主义行！"②越来越多领导干部特别是高级干部开始重视马克思主义理论教育、学习，以系统掌握马克思主义基本理论为抓手大力加强意识形态人才、队伍、阵地、法规等多方面的建设，多措并举不断巩固马克思主义在意识形态领域的指导地位。特别是党的十九届四中全会更是明确提出"坚持马克思主义在意识形态领域指导地位的根本制度"，第一次将坚持马克思主义在意识形态领域指导地位作为一项根本制度明确提出并要求全党长期坚持，使之真正成为全党的思想自觉、行动自觉，不仅有力维护了意识形态安全、确保了意识形态建设的正确前进方向和发展道路，而且使得全党全国各族人民文化自信明显增强，全社会凝聚力和向心力极大提升，为新时代开创党和国家事业新局面提供了坚强思想保证和强大精神力量。

历史虚无主义攻击作为我们党指导思想的马克思主义理论本身，妄图实现占领意识形态阵地的目标。他们"虚无化"马克思主义学说，抛出了"什么是历史虚无主义"的学术问题，"追根溯源"指出历史虚无主义的理论根基是庸俗社会学，它披着"革命"的外衣以"马克思主义"的面目出现。这就是以偷换概念的形式将马克思主义指认为"历史虚无主义"，进而得出结论：马克思主义已陷入历史虚无主义。我们要深刻认识到这种思想的本质，它超越了一般层次的否定，直接反诬马克思主义为"历史虚无主义"，公然挑战中国共产党的指导思想和社会主义主流意识形态，是一种最大的历史虚无主义。

（3）否定"中国走向社会主义的历史必然性"。中国特色社会主义道路

---

① 《习近平谈治国理政》第1卷，外文出版社2018年版，第153页。
② 《习近平谈治国理政》第4卷，外文出版社2022年版，第10页。

是科学社会主义理论与中国实际相结合的产物,是实践创新和理论创新良性互动的结果。中国特色社会主义道路的开辟是寓于中国历史发展的必然性之中的。中国特色社会主义道路的必然性源自中华文明5000多年的文化传承与发展,根植于中华民族近代100多年由衰转盛的历史演进,奠基于中国共产党领导中国人民进行伟大社会革命的百年奋斗历程,内蕴于新中国成立70多年的不断探索和改革开放40多年的伟大实践之中。

中国道路是在中国共产党领导人民持续推进一以贯之的"伟大社会革命"的历史进程中开辟出来的,是在同"封闭僵化的老路"与"改旗易帜的邪路"进行艰苦而持久的伟大斗争的历史进程中形成的,新时代中国特色社会主义发展道路必将在马克思主义基本原理与中国社会发展进程的有机结合中不断拓展新空间。历史已经证明并将继续证明,中国除了走社会主义道路,没有走别的道路的可能,也没有走别的道路的必要。实践将继续证明,中国特色社会主义道路不是封闭僵化的老路,更不是改旗易帜的邪路,而是一条符合中国国情的新路。方向决定前途,道路决定命运。坚持中国特色社会主义道路,是对人民和历史选择的尊重,也是实现中华民族伟大复兴的必然要求。

历史虚无主义否定"中国走向社会主义的历史必然性",其精神实质是要推行全盘西化,将西方资本主义道路视为唯一的出路。比如,他们打着"告别革命"的旗号,实质是要推行"颜色革命"。正是从这个意义上讲,与历史虚无主义的斗争,归根到底就是主义之争、道路之争。回顾历史,苏联之所以解体,一个重要因素就是放任意识形态领域的斗争,全盘否定苏共历史和领导人的思想偏差没有得到及时的纠正。思想上的混乱必将导致党的领导和国家政权的软弱涣散,最终走上了"改旗易帜的邪路",走上亡党亡国的末路。相比之下,中国在走中国特色的社会主义道路的实践探索中顶住了苏东剧变和苏联解体带来的冲击,依然朝着社会主义改革开放的既定方向探索自己的发展道路。苏东剧变之后,中国坚定走中国特色社会主义道路,成为世界社会主义运动的一面旗帜,但也同时成为西方反共势力实行"西化""分化"战略的重点目标,历史虚无主义也一度甚嚣尘上,来势汹汹。

(4)歪曲改革开放是要走资本主义道路。习近平总书记指出:"改革开放是决定当代中国命运的关键一招,也是决定实现'两个一百年'奋斗目标、实现中华民族伟大复兴的关键一招。"①1978年,中国开启了改革开放,从此中国的面貌焕然一新。改革开放这一关键抉择堪称第二次革命,是我国历史上的一个伟大的转折。

我们党团结带领全国各族人民进行的改革开放这场新的伟大革命,极大地激发了广大人民群众的积极性、主动性、创造性,极大地解放和发展了社会生产力,极大地增强了社会发展活力,人民生活显著改善,综合国力显著增强,国际地位显著提高。一是,改革开放有力推动了我国经济社会发展,明显提高了我国社会生产力,极大提高了人民生活水平,我国实现了从生产力相对落后的状况到经济总量跃居世界第二的历史性突破,实现了人民生活从温饱不足到总体小康、奔向全面小康的历史性跨越,推进了中华民族从站起来到富起来的伟大飞跃。二是,改革推动我国社会主义制度自我完善和发展,极大改善了生产关系,赋予社会主义新的生机活力。我们党把马克思主义基本原理同中国实际和时代特征相结合,创立和形成了邓小平理论、"三个代表"重要思想、科学发展观、习近平新时代中国特色社会主义思想,不断深化对共产党执政规律、社会主义建设规律、人类社会发展规律的认识,是党领导人民实现中华民族伟大复兴的强大思想武器。在百年未有之大变局中,中国特色社会主义理论体系和制度体系愈发显示出独特优势和强大生命力。历史雄辩地证明,改革开放是党和人民大踏步赶上时代的重要法宝,是坚持和发展中国特色社会主义的必由之路,是决定当代中国前途命运的关键一招,也是决定实现"两个一百年"奋斗目标、实现中华民族伟大复兴的关键一招。

以改革开放为界,新中国史可以分为前后"两个三十年"。历史虚无主义以两者间的差异来大做文章,妄图质疑、否定改革。代表性观点就是,

①　《习近平谈治国理政》第1卷,外文出版社2018年版,第71页。

关于两个历史时期的"断裂论"和"互相否定论",将中国特色社会主义说成是"民主社会主义"和"社会民主主义"。必须清醒地认识到,否定改革开放的历史,也必然反对中国特色社会主义道路。改革开放的过程不是一帆风顺的,也伴随着曲折,一些否定的声音也纷沓而至,比如针对社会主义市场经济体制改革和"姓资姓社"等问题,历史虚无主义认为改革开放是"幡然悔悟",是向"以英美为师"的近代主流文明回归,其发展方向是要走向资本主义道路而不是社会主义道路。必须明确,我们"实行改革开放,这是怎样搞社会主义的问题",在改革中出现的很多问题只能通过进一步改革来解决,绝非是回到过去的模式,更不是要转向资本主义。对此,习近平总书记指出:"不能用改革开放后的历史时期否定改革开放前的历史时期,也不能用改革开放前的历史时期否定改革开放后的历史时期。"①

总之,纵观中国近现代史,举什么旗、走什么路的问题一直贯穿其中。历史虚无主义主要围绕这个问题以消极否定的狭隘历史观否定历史发展的内在逻辑,在根本上看是缺乏大历史观的视野。因此,必须加强社会主义意识形态建设,在学理上以历史唯物主义大历史观认清历史虚无主义的唯心主义本质,学好"四史",从过去、现在和将来的联系上把握历史意义,坚定"四个自信",全方位抵制并治理历史虚无主义。正如习近平总书记强调的:"要坚持以我们党关于历史问题的两个决议和党中央有关精神为依据,准确把握党的历史发展的主题主线、主流本质,正确认识和科学评价党史上的重大事件、重要会议、重要人物。要旗帜鲜明反对历史虚无主义,加强思想引导和理论辨析,更好正本清源、固本培元。"②

(二)"四史"教育融入大中小学思政课一体化的发展历程

百余年来,中国共产党一直就有重史尤其是重视近现代史的传统。我们党提出加强"四史"教育,是对自身重史传统的继承和发扬,也是站在中

---

① 《习近平谈治国理政》第 1 卷,外文出版社 2018 年版,第 23 页。
② 习近平:《在党史学习教育动员大会上的讲话》,《求是》2021 年第 7 期。

华民族伟大复兴和中国特色社会主义事业发展的历史高度所作出的重大
决定。

1. 民主革命时期：历史学习教育从分散进行到集中开展

民主革命时期，为了把党建设成一个思想上、政治上、组织上完全巩
固的马克思主义政党，真正担负起领导中国革命的历史重任，以毛泽东同
志为主要代表的中国共产党人开启了党的建设的伟大工程。

在开创井冈山革命根据地的过程中，毛泽东就认识到党内教育中"现
实与未来、斗争与常态、整体与部分"三对关系。1929 年 12 月，他在古田
会议上明确提出开展党内教育的重要内容就是"革命的目前阶段和它的前
途问题"，对士兵开展政治训练的重要方法就是"讲述红军斗争略史"①。
1933 年 3 月，成立了马克思共产主义学校，其主体课程包括"党的建设"
"苏维埃运动""中共党史"三门课。总体来看，建党初期至土地革命时期，
处于幼年时期的中国共产党对历史研究与学习、教育尚处在自发状态。

延安时期，中国共产党开始系统地组织党史、革命史和中国近代史研
究和教育，并且还成立专门的机构和人员。1938 年成立了马列学院，专设
中国史研究室。马列学院的主要课程之一就是"中国现代革命运动史"。
1941 年改组后的马列研究院和中央研究院，以及解放战争时期成立的华北
大学(中国人民大学的前身)，都设有历史研究室。可见，诞生于革命战争
年代的中国共产党，并没有因战乱而放松对自身历史和中国革命史等的重
视，而是始终将其作为认识中国革命基本问题、制定革命路线、开创革命
新局面的历史依据和重要前提，并将其纳入干部教育体系之中，延续至
今。可以说，延安时期系统地组织党史、革命史和中国近代史研究和学习
教育，对统一全党思想，确立马克思主义中国化的方向和毛泽东思想的指
导地位，发挥了极为重要的作用。

---

① 《毛泽东文集》第 1 卷，人民出版社 1993 年版，第 107 页。

2. 社会主义革命和建设时期：历史学习教育受到空前重视

新民主主义革命的胜利和新中国的成立，开启了党领导人民进行社会主义革命和建设的新征程，党的历史研究和学习教育工作也步入了一个新的阶段，学习教育的重点经历了一个从党内扩展到党外的过程。

新中国成立后，党在学术组织、研究人员、学术活动、史料整理等方面给予了大力支持，开始系统研究中国近百年史。1950 年 5 月成立的中国科学院近代史研究所，是新中国成立的第一个国家级史学研究机构。研究所成立后就招揽人才，近代史研究力量得到加强，这为近代史的研究注入了新活力。中国史学会成立后，组织召开了纪念戊戌变法 60 周年、巴黎公社 90 周年、太平天国 110 周年、辛亥革命 50 周年等一系列近代史领域的学术讨论会，影响较大。1951 年 3 月，中共中央开展了全党理论教育，并特别强调着重利用历史的叙述来讲授马克思列宁主义毛泽东思想，帮助学习者从历史的观点来认识现实。

20 世纪 50 年代后期，学习党史的热情成为一股席卷社会的潮流。1951 年至 1960 年间，随着 4 卷本《毛泽东选集》陆续出版，围绕学习毛泽东著作的党史学习教育活动在人民群众中展开，这对于提高人民群众的思想政治觉悟发挥了极为重要的作用，但也出现了简单化、片面化、形式主义等倾向，产生了消极影响。毛泽东对此直言"写党史还没有布置好"。

"文化大革命"期间，围绕"两条路线斗争史"的学习教育简化和损害了党史的整体面貌，而将复杂的经济、政治、文化问题置于"两条路线斗争"的分析框架中进行认识和评价，教训是深刻的。

3. 改革开放和社会主义现代化建设新时期：历史学习教育的深化与发展

改革开放之后，面对新形势、新情况、新问题，历史研究和教育的"社会教育"和"资政育人"功能逐步凸显，党史、革命史、近现代史等的研究和教育工作进一步拓展和深化。

在领导中国改革开放的过程中，邓小平提出和践行了面向未来的历史观。党的十一届六中全会总结了新中国成立后党史上的若干重大问题，深刻指出"总结历史是为了开辟未来"。邓小平还提出"了解自己的历史很重要"，要用鸦片战争以后的中国历史"教育青年，教育人民"。可见，党史和中国近现代史的社会教育功能得到进一步强调和突出。

面对国内思想文化领域的变化，20世纪80年代末，江泽民提出了党史的"社会教育功能"和"资政育人"功能。他指出"党的历史上许多光荣传统，就是我们党的极为重要的政治优势"，我们可以从中吸取历史经验和精神力量，"让它发挥社会教育功能"；他提出要"重视党史工作，充分发挥党史资政育人的作用"。他还多次总结党史、新中国史、改革开放史、马克思主义发展史等，以总结历史经验、指明发展方向，获得前进的动力。

进入新世纪，在准确把握世界发展趋势、认真总结我国发展经验、深入分析我国发展阶段性特征的基础上，胡锦涛强调，正确对待历史、善于总结经验是马克思主义政党成熟的重要标志，"我们要更加注重用中国历史特别是中国革命史来教育干部和人民"。他深刻回顾了党史、新中国史、改革开放史以及中国近代史，阐述了党的先进性、中国工人阶级的历史使命、党的优良传统和作风、井冈山精神以及辛亥革命的历史意义等内涵。

总之，改革开放时期的历史学习教育事业取得重大成绩，特别突出了党史、中国革命史、中国近现代史等方面的课程，通过学习教育提高了党员干部和群众分清党史主题主线、主流本质的能力，培养了一大批从事党史教学与研究的师资队伍，为"四史"学习教育事业的发展提供了坚强保障。

4. 中国特色社会主义新时代：提出加强"四史"教育的历史任务

党的十八大以来，习近平总书记用历史的眼光来谋划和推进两个百年奋斗目标，提出要加强历史特别是"四史"教育，既体现了中国共产党重视历史特别是近现代史的传统，也凸显了新时代中华民族伟大复兴事业对我们提出的新要求。

习近平总书记多次强调要加强"四史"教育，强调要将学习"四史"同"贯彻党的创新理论"结合起来，用"四史"教育引导"人们坚定道路自信、理论自信、制度自信、文化自信，促进全体人民在思想上精神上紧紧团结在一起"，"自觉做中国特色社会主义的坚定信仰者、忠实实践者"。2019年3月18日，他在全国学校思想政治理论课教师座谈会上的讲话中指出，思政课教学"涉及党史、国史、改革开放史、社会主义发展史，涉及世界史、国际共运史，涉及世情、国情、党情、民情"等内容，"思政课上学生会提一些尖锐敏感的问题，往往涉及深层次理论和实践问题"，要讲清讲透这些问题，离不开历史的视角。因此思政课教师"视野要广"。其中的历史视野，要有5000多年中华文明史，要有500多年世界社会主义史，要有中国人民近代以来170多年斗争史，要有中国共产党近百年的奋斗史，要有中华人民共和国70年的发展史，要有改革开放40多年的实践史，要有新时代中国特色社会主义取得的历史性成就、发生的历史性变革。要"通过生动、深入、具体的纵横比较，把一些道理讲明白、讲清楚"[1]。2020年12月，中宣部、教育部颁布论文学校思政课程体系方案，在选修课中将"四史"课程列为所有学生的必选模块，这深刻体现了中国共产党对历史教育的高度重视。

"四史"教育中包含对过去历史的总结，其中蕴含的社会主义理想信念、革命精神和创新精神等宝贵精神财富，不会随着时间的推移而褪色，反而历久弥新；"四史"中包含丰富的价值意蕴，其中的精神养料，不仅是当前社会主义现代化建设的有益参考，而且是我们全面认识"四个自信"的深厚基础，可以有力抵御历史虚无主义思潮；加强"四史"教育不仅在于继承传统和为当下提供借鉴，还在于能够帮助我们创造更加美好的未来，无论对社会个体、中华民族还是传承数百年的社会主义事业，都具有重大而深远的意义。

---

① 《习近平谈治国理政》第3卷，外文出版社2020年版，第330页。

综上可见,从革命时期与全面建设时期的党史和革命史教育,到改革开放新时期的党史和近现代史教育,再到新时代提出加强"四史"教育,中国共产党在历史研究和教育的过程中,表现出了把握历史发展主流、注重现实关怀的重要特征。① 这两大特点是中国共产党重史传统中的重要精神基因,也是开展"四史"教育必须坚持的重要原则,为新时代大中小学一体化建设奠定了深厚的历史底蕴。

二、"四史"教育融入大中小学思政课一体化的现状

自学校"思政课"教师座谈会召开以来,围绕着习近平总书记强调的"要把统筹推进大中小学思政课一体化建设作为一项重要工程……推动思政课建设内涵式发展",全国各地就思政课一体化建设开展了积极有益的理论研讨和实践探索。在党中央高度重视下,我国大中小学思政课一体化建设取得初步成效,如教材一体化建设政策环境逐步优化、一体化建设的各项制度逐步完善,推动大中小学"四史"教育一体化向纵深发展。但也应当看到,当前我国大中小学思政课一体化建设也存在课程内容重复交叉、衔接性不强,管理机制构建不完善、合作性不足,中小学思政课教师缺口较大、补充力量不足等问题,值得我们反思。

(一)"四史"教育融入大中小学思政课一体化取得的成效

1. 大中小学思政课教材一体化建设情况总体良好

思政课是青少年铸魂育人的重要路径。教材是解决"培养什么人、如何培养人、为谁培养人"问题的关键环节。着眼不同年龄段青少年学生身心发展和认知特点,统筹推进大中小学思政课教材一体化建设是办好思政

---

① 牛利坡:《论中国共产党的重史传统与"四史"教育的精神基因》,《河南师范大学学报(哲学社会科学版)》2021年第6期。

课的重要任务之一。思政课教材一体化建设，就是在"大思政"观统领下，通过思政课教材目标、内容、组织诸要素的优化配置，以多方位、多层次、多形式、多路径推动思政课教材的整体建设。在各级政府部门、学校和广大思政课教师的共同努力下，大中小学思政课教材一体化建设取得了一定成效，为"四史"教育融入大中小学思政课一体化奠定基础。主要体现在以下几个方面。

（1）教材一体化建设政策环境逐步优化。政策集中体现执政者的价值观念、治理理念和利益意志。教材体现国家意志，是解决为谁培养人、培养什么人、怎样培养人这一根本问题的关键载体。新中国成立以来，思政课教材体系的建设经历了从师法苏联到泛政治化的政策探索期、从拨乱反正到依法治教的政策规范期、从整体规划到多维立体的政策革新期三个阶段。①

其一，新中国成立后至"文化大革命"结束前，从师法苏联到泛政治化的政策探索期。这一时期，党和国家开始有计划有步骤地改革旧的教育制度、教学内容和教学法。但新中国刚成立时，思政课教学刚起步，缺乏统一编写教材的条件，唯有通过翻译苏联教材方能解决思政课教材荒的问题，因此这一时期主要是学习和翻译苏联教材，但此时教育部也决定立足中国实际、重新编写适合新中国需要的新教材，大学与中学思政课教材建设得到推进。"文革"时期，学校正常秩序被打破，思政课教材出现泛政治化倾向，极大地影响了思政课教材建设。

其二，"文革"结束至党的十八大，从拨乱反正到依法治教的政策规范期。这一时期，将思政课纳入学校课程体系，明确规定其地位与作用，1981 年小学各年级开设思想品德课，与中学思想政治课、高校马克思主义理论课共同构成这一时期的思政课课程体系，实现了思政课课程设置的一体化；制定思政课教学大纲制度，国家教委于 1992 年印发了《九年义务教

---

① 陈亮，熊翠萍：《我国思想政治理论课教材一体化建设的政策演进与未来展望》，《现代教育管理》2021 年第 5 期。

育全日制小学思想品德课、初中思想政治课教学大纲(试用)》和《全日制中学思想政治课教学大纲(试用)》，21世纪初又相继颁布了中小学思政课课程标准，并明确规定了中小学思政课具体的教学目标要求，进一步推动了思政课教材的一体化建设；建立思政课教材管理制度，20世纪80年代中期，国家先后成立了统揽教材编辑审定和课程设置等工作的全国马克思主义思想理论课教材编审委员会和首个全国中小学教材审定委员会，并相继出台了《关于普通中小学教材出版发行管理规定的通知》《中小学教材编写、审查和选用的规定》《关于编写出版普通高等学校马克思主义理论课(公共课)教材的暂行管理办法》等一系列大中小学教材以及思政课教材管理文件。此外，为使德育工作体系更加完善，教育部于2005年成立了统筹各学段德育课程设计、课程标准制定和教材编写等工作的大中小学德育课程开发和教材编审委员会等组织机构。这不仅是21世纪以来我国首次整体推进大中小学思政课教材一体化建设，同时也进一步建立和完善了大中小学思政课教材的管理制度。

其三，党的十八大以来，从整体规划到多维立体的政策革新期。这一时期，以习近平同志为核心的党中央高度重视大中小学思政课教材一体化建设，并就全面规划课程设置、不断加强教材研究、大力创新教材管理制度等作出了系列重要部署，从多个维度推进思政课教材一体化建设。

一是全面推进课程群建设。如中共中央办公厅、国务院办公厅2019年8月印发的《关于深化新时代学校思想政治理论课改革创新的若干意见》提出，调整创新思政课课程体系，加强以习近平新时代中国特色社会主义思想为核心内容的思政课课程群建设；9月，教育部印发《"新时代高校思想政治理论课创优行动"工作方案》，强调要抓好教材创优，构建循序渐进、螺旋上升的教学内容和目标体系，推动各学段思政课课程教材一体化建设。

二是不断加强思政课教材一体化建设研究。党的十八大以来，党和国家就加强思政课教材建设研究，作出了系列重要部署。如2015年教育部印发《普通高校思想政治理论课建设体系创新计划》，提出建立高校思政课教材研究中心，加强对教材内容和表述方式的研究；2018 年，教育部成立教育部课程教材研究所，其下辖的 3 个研究开发中心都与思政课教材建设相关；2019 年，教育部成立了首批国家教材建设重点研究基地，认定了 11个基地，其中 5 个与思政课教材建设息息相关。此外，在教育部哲学社会科学重大课题攻关项目中增设"新时代大中小学思政课课程教材一体化建设研究"等相关研究课题。这些重要政策与举措迅速形成了国家与地方、集体与个人相结合的思政课教材一体化建设研究力量、极大增强了研究实力，助力思政课教材一体化建设不断向前推进。

三是大力创新思政课教材一体化管理制度。这一时期，思政课教材管理制度也进一步发展创新。如 2017 年国务院和教育部相继成立了指导和统筹全国教材工作的国家教材委员会和教材局，2019 年成立了大中小学思政课一体化建设指导委员会，2020 年国家教材委员会印发了《全国大中小学教材建设规划（2019—2022 年）》。由此，我国形成了以国家教材委员会、教材局和一体化建设指导委员会为骨架，以一系列大中小学教材建设相关政策为血肉的教材建设管理体系，这为我国大中小学思政课教材一体化建设提供了更可靠的组织和制度保障。

综上，党的十八大以来，以习近平同志为核心的党中央高度重视思政课一体化建设，尤其是全国高校思想政治工作会议等系列会议的召开，党中央、国务院制定了一系列重要文件，为大中小学思政课一体化建设作出了顶层设计和制度安排，思政课教材一体化建设的政策环境更加优化。

（2）学生主体地位进一步凸显。党的十九届六中全会通过的《中共中央关于党的百年奋斗重大成就和历史经验的决议》明确指出，党和人民事业发展需要一代代中国共产党人接续奋斗，必须抓好后继有人这个根本大计。立德树人是党和国家对学校思想政治教育提出的时代课题，要构建高质量思政工作体系，为实现中华民族伟大复兴、建设社会主义现代化强国培养一批又一批的优秀人才。为此必须坚持"三全育人"，激发学生的主体自觉，充分发挥学生的主体地位，调动学生的积极性、主动性、创造性；要注重发挥共青团、学生社团的作用，积极引导学生通过宣讲报告、沙龙讨论、文艺演出等灵活多样的形式，自发、有序地开展思政大课堂，承担"教师"的角色。基于同龄人之间的互相了解、兴趣和关注点的相似性，学生给学生上课，更容易走进学生内心，触碰心灵，同频共振，实现供给侧和需求侧结构性改革。

学生的主体地位是教学的出发点和归宿。新课程改革要重视弘扬学生主体性，以有效提升课程教学效果。总体来看，我国大中小学思政课教材编写贯彻了重视学生主体地位的教育理念，能关注学生的身心特点，遵循思想政治工作规律、教书育人规律和学生成长规律，坚持由简单到复杂、由具体到抽象的原则；较好地将理论教育内容与社会实践素材相结合，循序渐进地引导学生形成正确的政治方向、思想观念、道德品质和价值取向。这尽显教学中以学生为中心的导向，也有助于不断推动思政课成为学生真心喜爱、终身受益的课程。

(3)生活化趋向进一步加强。针对美国教育严重脱离社会生活的状况，美国著名哲学家、教育学家杜威提出了"教育即生活"的观点。作为杜威先生的嫡传弟子，陶行知在"教育即生活"的基础上，提出了"生活即教育"的观点。他明确反对王阳明的"知是行之始，行是知之成"的观点，并扬弃了杜威"从做中学"的思想，提出"教学做合一"，即师生以一种主体间性或交互主体性的身份融入整个生活教育中。这样培养出来的学生不仅具有生活的能力，而且具有合作的生活。陶行知在对传统教育深刻批判和反省的基础上，提出"生活即教育"。他认为，人类的生活就是教育，自从人类有了生活就有了教育，教育贯穿于人类的始终，教育与生活是一刻也没有分离。在此基础上，他完整地提出了"教育即生活、社会即学校、教学做合一"系统的生活教育理念，反对脱离生活和人生实践的传统教育，倡导教育回归到生活中去，教育与生活融为一体。杜威的"教育即生活"与陶行知的"生活即教育"，都明确指出了教育与生活的内在联系，脱离生活的教育无疑是折翼的小鸟，怎么也无法飞得更高更远；都看到了教育与生活之间积极共生的关系，这种积极共生的关系使教育不能成为脱离生活的孤魂野鬼，而应该成为生活的恩爱伴侣，两者谁也离不开谁。这迫使我们不得不重新审视生活教育的实践价值，它应该成为破解教育难题的一个有效选项。而思政课恰是一门与社会现实和生活联系极为紧密的课程，对教学的生活化有着必然的内在要求，要通过把思政课的内容融合于受教育者的生活中，让他们在生活中受到潜移默化的影响，将所接受的内容内化于心，外化于行，磨炼意志，坚定信念，进而在生活的实践中臻于完美的人格和理想的道德品质。

总体来看，我国大中小学思政课教材能注重从生活实践出发，联系学生的实际生活，选取学生在现实生活中相对熟知的人或事作为教学案例，运用学生乐于接受的话语体系和容易理解的教学素材，激发学生的情感共鸣和作为生活主体参与学习活动的兴趣。这有助于促进学生将感性认识上升为理性认知，从而达到预期的教学效果。

(4)层次性进一步强化。发展心理学认为，学生的认知发展是循序渐进、螺旋上升的。瑞士心理学家皮亚杰对现代教育影响巨大，主要体现在其认知发展阶段论和活动学习理论。认知发展阶段论提出，教育要以学生认知发展的限度为依据，教材内容应进行螺旋式上升的编排，以使学生形成循序渐进的知识认知，进而完成科学的建构。决定学什么和怎样学的关键因素，不是老师，亦不是教材，而是学生及其认知发展，即他们的思维能力和形式。根据活动学习理论，认识是在学生与外部世界相互作用过程中逐步建构形成的，因而在教学过程中，不要直接灌输学习内容，而应立足学生个人自发性、内驱力来呈现相关线索或例证，启发学生自行发现知识，掌握原理原则。对小学生则更要注重活动化、游戏化、生活化的学习设计，放手让他们去动手、动脑探索外部世界，不断建构自己的知识经验系统。

总体来看，我国大中小学思政课教材体系加强了学段衔接，既将正确的政治方向和社会主义意识形态作为主线贯彻始终，同时也分段设计各个学段的思政课目标与内容，具体表现为小学和初中阶段注重学生道德品质的养成，高中阶段学生开始初步学习了解马克思主义基本观点与分析方法，大学思政课则是对高中思政课内容的衔接与深化，学生通过对理论的深入学习，牢固树立中国特色社会主义道路自信、理论自信、制度自信和文化自信。

(5)时代性进一步彰显。与时俱进是马克思主义可贵的理论品格。从根本上来说，与时俱进就是坚持一切从实际出发，理论联系实际，实事求是，在实践中检验真理和发展真理。与时俱进是马克思主义最重要的理论品质。从历史来看，事物都是发展的，有历史就有发展，就有新的思想和新的学说产生，但这只是一种客观的历史状态，是由时代变迁和社会制度更替所产生的思想理论体系的更替，这并不是马克思主义所说的作为一种理论品质的与时俱进。比如，辩证法的集大成者黑格尔第一次把整个自然界、历史和精神描述为一个处在不断运动、变化和发展状态的整体过程，并试图揭示这一过程的内在联系。但是在对待自己的学说时，他却认为自己的哲学是顶峰，是绝对真理的终极认识，是最高真理。马克思主义从来不把自己的理论奉为绝对真理，而是认为自己的理论就是不断发展的历史。如恩格斯所说的，我们的学说不是教条，而是行动的指南。列宁进一步指出，忽视这一点，"就会把马克思主义变成一种片面的、畸形的、僵死的东西，就会抽掉马克思主义活的灵魂"①，就会破坏它的根本理论基础，就会破坏可能随着每一次新的历史转变而改变的一定实际任务之间的联系。所以，与时俱进不仅是马克思主义的一个原理，更是马克思主义理论品质，一旦丧失这种品质，马克思主义就不成其为马克思主义了。

在马克思主义指导下编写思政课教材，内在地要求教材内容要始终与时代发展同频共振，不断在理论教育上补充和更新内容，丰富时代性内涵，从而增强思政课教学的实效性、针对性和说服力。党的十八大以来，中国特色社会主义进入新时代，大中小学思政课教材在编写中总体上突出强调了与时俱进，努力把握新时代脉搏，观照并满足新时代的新要求新期待。习近平新时代中国特色社会主义思想作为当代中国马克思主义、21世纪马克思主义，体系严整、逻辑严密、内涵丰富、博大精深。在新一轮大

---

① 《列宁选集》第2卷，人民出版社2012年版，第278页。

中小学思政课教材的修订过程中，整体上实现了对习近平新时代中国特色社会主义思想的全面介绍和系统阐释，坚持学段、学科、类型全覆盖，强化一体化设计，纵向贯穿，学段衔接，学习要求循序渐进，螺旋上升，横向关联，学科配合，学习内容各有侧重，这为推进习近平新时代中国特色社会主义思想进教材、进课堂、进头脑奠定了坚实基础。

2. 大中小学思政课教师队伍一体化建设日益完善

教师是落实立德树人的关键力量，推进大中小学思政课教师队伍一体化建设是新时代思政课内涵式发展的必由之路。教师一体化主要体现在教师教育一体化上，可以概括为"两纵两横"。① 首先，就教师个体而言，纵向一体化是指教师自身不断学习、不断提升教师素养和教学能力的过程；横向一体化是指教师要具备教学与科研两种能力，时刻把握学科学术前沿，潜心研究教学方法与技巧，实现理论研究与教学实践的紧密结合，实现教学和科研"两条腿"走路。其次，就教师整体而言，纵向一体化指教师队伍一体化，即根据不同学段各级各类教师的不同特点和发展实际，建设数量充足、素质优良、结构优化、动态调整的教师队伍，以满足不同学段不同学科教学的实际需求，实现立德树人根本任务；横向一体化是指大中小学不同学段教师在教学研究和实践上的一体化，各个学段的教师在教学研究和教学实践要勤于钻研、勇于奋斗、不断创新。党的十八大以来，以习近平同志为核心的党中央高度重视大中小学思政课教师队伍建设，出台了一系列文件和政策，推动各学段思政课教师队伍建设取得了显著成效。

（1）共同的价值追求奠定价值前提。百年大计，教育为本；教育大计，教师为先。思政课教师承载着传播知识、传播思想、传播真理、塑造灵魂、塑造生命、塑造新人的时代重任，肩负着解决好"培养什么人、怎样培养人、为谁培养人"根本问题的使命担当，对于引导青少年提升自我、

---

① 郭亚红，张洪霞：《大中小学思政课教师一体化建设路径》，《思想政治课教学》2021年第2期。

夯实信仰，为坚持和发展中国特色社会主义、建设社会主义现代化强国、实现中华民族伟大复兴而奋斗发挥着立德树人、铸魂育人的重要作用。"立德树人"精准概括了思政课教师的根本价值追求，"解决好培养什么人、怎样培养人、为谁培养人"科学阐释了思政课教师在价值追求上的具体内涵。

思政课教师在价值追求上具有一致性，都以立德树人为根本价值取向，以培养社会主义建设者和接班人为价值目标，致力于回应并践行"培养什么人"这一具体价值追求；都以培养学生正确的世界观、人生观、价值观为价值选择，将促进学生的阶段性成长和螺旋式上升作为自身价值创造过程，用实际行动诠释"怎样培养人"这一具体价值追求；都以"坚持教育为人民服务、为中国共产党治国理政服务、为巩固和发展中国特色社会主义制度服务、为改革开放和社会主义现代化建设服务"为价值指向，彰显"为谁培养人"这一具体价值追求。大中小学思政课教师价值取向的同向性、价值目标的契合性、价值选择的协同性、价值指向的一致性为大中小学思政课教师素质要求一体化建设奠定了价值基础。

（2）共同的组织体系提供基本依据。大中小学思政课教师队伍隶属于共同的组织体系。组织体系是教师队伍建设的互嵌介质和前提要件。在这一共同的系统中，以学校、科研院所等为代表的组织机构将思政课教师个体组织起来，形成良性运作、协调有序的内部系统结构；通过教师准入、激励等为代表的管理制度，理顺思政课教师个体间错综复杂的关系，确保思政课教师队伍系统良好的外部结构。不难发现，这些组织机构和管理制度是试图通过系统完备的制度设计，形成相关的动力和约束机制，将思政课教师的行动置于特定的权利和规则框架中，从而使得教师的行动符合大众期待、规范有序。由此，与思政课教师相关的组织机构与管理制度成为思政课教师队伍建设的前提要件和互嵌介质；同时，大中小学思政课教师队伍一体化建设也需要不断调整组织机构和完善管理制度，要通过这两种互嵌介质将各学段思政课教师有机组合，使思政课育人目标协同、教育资源整合、学段衔接耦合。

正是从这个意义上讲,我国思政课教师队伍以组织机构和管理制度为介质实现了过程互嵌,这显然为大中小学思政课教师一体化建设提供了基本依据。

(3)思政课教师队伍环节联动提供基本前提。思政课教师队伍建设是一个完整的动态运行过程,包括教师队伍配备、素质、培训和互动等环节的建设,涉及思政课教师队伍建设数量、质量、力量和能量等多个层面的任务。其中,队伍配备是"数量"层面的基本任务,是思政课教师队伍建设的前提;素质培养是"质量"层面的必然要求,是思政课教师队伍建设的基础;教师培训是"力量"层面的关键一招,是思政课教师队伍建设的重点;教师互动是"能量"层面的实践指向,是思政课教师建设的关键。① 当前,我国思政课队伍建设各环节间同向而行,协同功能进一步提升,环节联动性为大中小学思政课教师队伍一体化建设的耦合提供了基本前提。

党的十八大以来,特别是学校思政课教师座谈会以来,教育部党组以习近平新时代中国特色社会主义思想为指引,深入贯彻落实习近平总书记关于思政课建设的重要讲话、指示批示精神,贯彻落实《关于深化新时代学校思想政治理论课改革创新的若干意见》和《关于加强新时代马克思主义学院建设的意见》精神,扎实推进习近平新时代中国特色社会主义思想进教材、进课堂、进头脑,教师队伍快速发展壮大,教师综合素质不断提升,主要体现为以下几个方面。

其一,注重队伍配备,思政课教师队伍建设实现历史性突破。大力推动各地各校配齐建强教师队伍,广大教师精神面貌焕然一新,形成了做"大先生"、教"大学问"、育"大英才"的生动局面,截至 2021 年年底,高校思政课专兼职教师超过 12.7 万人,较 2012 年增加 7.4 万人,比 2018 年增加 5 万多人,队伍配备总体达到师生比 1∶350 的要求;加快构建全方位体系化的教师培养培训体系,组织 41 个全国高校思政课教师研修(学)基

———————————
① 刘先春,佟玲:《新时代大中小学思想政治理论课教师队伍一体化建设的若干思考》,《马克思主义理论学科研究》2021 年第 3 期。

地、32个"手拉手"集体备课中心，开展常态化培训研修，每年培训教师近6000人；一体化推进青年马克思主义人才培养，2019年起设立马克思主义理论本科专业，将马克思主义理论学科列入"国家关键领域紧缺高层次人才培养专项招生计划"，目前高校马克思主义理论学科专业本硕博在校生达6.2万人；各地陆续落实专职思政课教师岗位津贴，国家社科基金、教育部"繁荣计划"设立思政课研究专项，3年累计立项近1000项，支持经费近3亿元；每两年举办一次全国高校思政课教学展示活动，网络直播观看量超过34万次；中国教师发展基金会设立奖励基金，奖励表彰高校优秀思政课教师和马克思主义理论学科学生。

其二，加强优质教学资源供给，注重教师培训素质培养。主动适应信息技术迭代升级，不断加大平台建设力度，比如，升级全国高校思政课教师网络集体备课平台，建成教指委专家值班答疑、听课记录、教师研修管理等7个子平台，累计访问量500万人次，实现月月有活动、周周有精彩。坚持精品引领，制作《习近平新时代中国特色社会主义思想三十讲》课件，点击下载量已累计近3000万次。坚持"应用为王、服务至上"，建设网络集体备课平台、教师培训研修系统、大学生自主学习"青梨派"等为一体的全国高校思政课教研系统。创设"周末理论大讲堂"，累计举办76期，收看量超过280万次。与中央网信办共同打造"云上大思政课"主题宣传活动。学校思政课教师座谈会召开三年来，以"抗疫""四史""奥运会"为主题，开展多期全国大学生"同上一堂思政大课"，观看量超过1.5亿次。直播、短视频、H5等新媒体技术被广泛运用于思政课堂，形成了网上"思政大课"新样态。各地各校陆续建设智慧思政平台，开设线上直播"云课堂"，邀请劳动模范、大国工匠等讲授"思政大课"。

总之，通过教师队伍配备、素质、培训和互动等各个环节间同向而行、互通互济，就能触发思政课教师队伍建设整体合作，提升思政课教师队伍的协同功能，使整体大于局部之和，呈现"1+1>2"的效果。当前，我国思政课教师队伍建设的环节联动性为大中小学思政课教师队伍一体化建设的环节嵌套耦合和机制动态调整提供了基本前提。

3. 大中小学思政课一体化机制建设初见成效

统筹推进大中小学思政课一体化建设是系统提升新时代思政教育科学化水平的政治要求、教育规律和实践逻辑。因此,大中小学思政课一体化建设的机制问题,包括融合发展、协同推进、资源共享和有效保障机制等就显得尤为重要。20 世纪 90 年代,以《中共中央关于进一步加强和改进学校德育工作的若干意见》(1994 年)和《中共中央、国务院关于深化教育改革 全面推进素质教育的决定》(1999 年)的颁布为标志,大中小学德育一体化的设想开始萌芽,并成为学校德育的重要组成部分,大中小学思政课一体化建设也进入了准备阶段。进入 21 世纪以来,虽然此时并未明确提出大中小学一体化的概念,党和国家逐步认识到了大中小学思政课一体化建设的重要性。这一时期,教育部印发的《关于整体规划大中小学德育体系的意见》(2005 年)就明确强调,"纵向衔接、横向贯通、螺旋上升";《国家中长期教育改革和发展规划纲要(2010—2020 年)》也明确提出"构建大中小学有效衔接的德育体系"的目标。党的十八大以来,党中央高度重视思政课建设,《关于深化新时代学校思想政治理论课改革创新的若干意见》明确要求"统筹大中小学思政课一体化建设",完善思政课课程教材体系,关于思政课一体化建设的理论与实践不断走向深化,取得了显著成绩、积累了宝贵经验。

(1)建立健全制度管理体系。如果不能在顶层设计上加强领导,就很难改变思政课管理条块化现状,还需要在思政课一体化建设层面做好制度设计和内容建设,在综合考虑各学段思政课育人一致性与学生身心发展差异性基础上,科学制定教材建设规划,既体现阶段性特征,又适应连续性要求,建设好大中小学循序渐进、螺旋上升的思政课。

20 世纪 90 年代以来,教育主管部门制定了相关文件,以循序渐进地推进大中小学思政课一体化建设。其中,2005 年印发的《关于进一步加强和改进学校德育工作的若干意见》和《关于整体规划大中小学德育体系的意见》,为处于起步阶段的思政课一体化建设起到了重要推动和促进作用,高度凝练和集中呈现了我国在大中小学思政课一体化建设方面的实践经验。《关于深化新时代学校思想政治理论课改革创新的若干意见》是深刻总结我国思政课一体化建设历史经验、深刻把握新时代思政课一体化建设的历史使命应运而生的,为我国当前和今后一段时期推进思政课一体化建设提供了指导。相关统计表明,20世纪90年代以来,与思政课一体化建设相关的党中央会议达10余次、相关的中央文件也达10余份。

(2)推动形成"中央宏观指导,地方探索创新"格局。在推进大中小学思政课一体化过程中,党和国家坚持中央宏观指导,鼓励地方探索创新。特别是在《关于深化新时代学校思想政治理论课改革创新的若干意见》中,就明确了把思政课建设纳入重要议事日程;教育部、中央宣传部等部门要牵头抓好思政课建设;中央军委政治工作部要指导抓好军队院校思政课建设;教育部成立大中小学思政课一体化建设指导委员会;有关部门和各地要保证思政课管理人员配备,确保事有人干、责有人负;强化中考、高考、研究生招生考试对学生学习思政课的指挥棒作用等。

在党中央会议精神和文件精神引领下,大胆开拓创新,取得了突出成效。比如,上海市作为德育一体化、思政课一体化改革的先行者,普陀区真如中学1988年就开始了学校、家庭、社会德育一体化的试点工作;2005年,在全市范围实施《上海市学生民族精神教育指导纲要》和《上海市中小学生生命教育指导纲要》;2010年开始实施"整体规划大中小学德育课程";2014年,将大中小幼德育一体化作为教育综合改革试点的重要内容;2020年上海市教委公布首批百门中小幼"中国系列"校本课程。上海不断在大中小思政一体化思政课建设中改革创新,将思政课作为"跨学段"的有机整体,从幼儿园到高中,贯穿教育全过程。上海在思政课建设探索中,既从顶层设计的内核上"全程贯穿"、相互呼应,又根据不同学段的差异展开各具特色的"体验式"教学,构建"大思政"格局,打破学段区隔,打造上海大中小一体化思政育人"金课"。

再如,北京市多措并举,加强大中小学思政课一体化建设:2008年,率先采取市级统筹、区县跟进的方式,推动建设覆盖大中小学段的区域一体化德育体系；2014 年，颁布《北京市中小学培育和践行社会主义核心价值观实施意见》；2017 年，建立"市级示范+校级协同+校内集中"三位一体的教师备课机制；2021 年 11 月，"北京市大中小学思政课一体化建设研究基地"揭牌仪式在海淀区举行，旨在进一步贯彻落实习近平总书记关于教育的重要论述，落实教育部和北京市委、市政府关于思政课改革创新的有关部署，以首善标准持续深化全市大中小学思政课一体化建设；2022 年 7 月，全国关心下一代党史国史教育基地、北京市大中小学思政课一体化教育基地、北京市学校"大思政课"实践教学基地在中国共产党早期北京革命活动纪念馆揭牌，三个教育基地将用好北大红楼等红色资源，赓续红色血脉，把思政小课堂同社会大课堂有机结合，推动大中小学思政课一体化建设，实现思想政治教育的衔接贯通。

又如，2016 年，山东省颁布了《山东省中小学德育课程一体化实施指导纲要》；2021 年 6 月，山东省大中小学思政课一体化建设指导中心成立暨"双协同双提升"项目启动仪式在山东师范大学举行，通过国家级、省级重点马院分别与其他高校马院(思政部)以及县级教育行政部门建立合作共建关系，实现协同发展、合作提升。

总之，部分省市站在大教育的高度，在中央宏观指导下不断探索创新，打破学段分割的边界，形成纵向衔接、横向贯通的大中小学思政课一体化育人体系，推进不同学段思政课教学有序衔接，循序渐进、螺旋上升地办好思政课。

(二)"四史"教育融入大中小学思政课一体化存在的问题

在具备前述一定优势、形成上述良好趋势的同时，新时代中国特色社会主义的伟大实践对大中小学思政课一体化建设也提出了一些新要求新期待。对标这些新要求新期待，就会发现大中小学"四史"教育一体化仍存在亟待解决的问题。

1. 教材内容重复交叉、衔接性有待增强

思政课一体化建设的关键是要处理好课程总体思想贯通性和学段课程

内容差异性之间的关系。既要做好不同学段授课内容与授课目标的定位，既要保持一致性和连续性，又要体现出不同学段的差异性和针对性，实现由低向高的循序渐进和螺旋上升。总体来看，大中小学思政课课程内容一体化在取得了显著成绩，思想认识不断提高，逐渐体现出一体化的理念，并渐趋接近一体化目标。但还存在如下问题。但对不同阶段的"四史"教育课本进行对比，我们可以发现不同阶段的教材存在以下问题，课本中还需要完善的地方。实际教学过程中，四门课程会出现知识点重复讲授的问题，学生难以准确理解和把握，很难激发学生对"四史"的学习兴趣，降低了"四史"教育的有效性。

（1）课程教学衔接性有待增强。其一，各学段课程标准修订步调不一。① 科学合理的课程标准是大中小学思政课教材一体化建设的基础。目前，我国各学段思政课课程标准还存在修订步调不一、相对无序的问题。高校思想政治理论课建设标准没有统一；2018年1月颁布的《普通高中思想政治课程标准（2017年版）》是最新的高中思政课程标准，此前的《全日制普通高中思想政治新课程标准（2003年版）》整整使用了10余年；当前初中学段仍使用的是2012年8月颁布的《义务教育思想品德课程标准（2011年版）》；小学学段《道德与法治》课程标准于2017年出台。因此，各学段课程标准的修订相对缺少一体化的理念和顶层设计，无法形成有效衔接，从而制约思政课教材一体化建设。

其二，课程目标设置的整体性和明确性尚需加强。思政课课程目标设置是否科学合理一定程度上影响思政课教材编写的质量。当前各学段思政课课程目标设置存在以下问题：一是，课程目标设置的整体性需进一步加强。不同学段课程目标梯度衔接跨度较大，其中初中与高中两学段的课程目标设置表现突出。高中思政课课程目标着眼于思政学科核心素养，即是从政治认同、科学精神、法治意识、公共参与等四个维度进行设计，而初

① 刘力波，黄格：《大中小学思政课教材一体化建设面临的问题及破解路径》，《马克思主义与现实》2020年第2期。

中思政课课程目标则从传统的情感态度价值观、能力、知识等三个维度进行确立。可见,两学段课程目标设置所依据的标准不统一。二是,部分课程目标的表述较为抽象、模糊,没有细化同一学段不同年级的课程目标,在具体落实方面缺少明确的评价标准。这就导致教材编写人员在编写、选择教材内容时难以把握目标和侧重点,也导致部分教师在制订具体教学目标时难以细致、深入地贯彻和体现课程目标。譬如,在小学阶段,出于小学生政治意识形成的需要,让他们过早接触到了"中国特色社会主义""共产主义接班人"等内涵丰富的政治概念。这些超过了小学生的认知能力,存在无法理解或理解不到位的情况。人们时常诟病,小学讲共产主义,大学讲人际关系、讲礼仪,即存在小学讲抽象、大学讲具体规范的倒置现象,这就是课程内容在操作层面出现的问题。

其三,各学段教材编写机构的合力尚需加强。2017年我国成立了国家教材委员会,由教育部教材局承担该委员会办公室工作。这充分彰显了党和国家对教材工作的重视,该项工作的推进对我国思政课一体化建设意义重大。但当前我国思政课教材编写在组织管理方面仍存在一些问题:一是,负责大中小学思政课不同学段教材编写工作的组织管理机构自成体系,均以完成自己的工作任务为出发点,相对比较封闭,因此大中小学思政课不同学段教材间的衔接缺乏整体规划。二是,不同学段思政课教材编写者间沟通交流不多,导致大中小学思政课教材内容跳跃性较大,不同学段教材内容之间的过渡呈现较大跨度。比如,小学和初中的思政课较多集中于心理健康教育和劳动教育等,历史与法治等内容虽有所涉及,但内容较少,且较浅显。高中思政课教材的深度陡增,逻辑思维能力要求很高,很多理论和知识点,是之前课程从未涉及的。大中小学各自封闭办学,不太了解不同学段的思政课在教学目标、内容、学情等方面的差异性,处于各自为战、各管一段的状态,高中和大学教师在教学侧重点、教学方法、教学资源选取、教学活动的设计等方面各自用力,缺少进阶和区分度。因此,学生难以对思政课内容形成系统性印象,且往往因知识深度跨度大,学习难度增加,从而丧失学习兴趣。

（2）各学段教材内容存在重复化现象。目前，部分教材内容简单重复是大中小学思政课教材存在的一个突出问题，重复化现象表现为纵向重复与横向重复。

其一，纵向重复，即不同学段"四史"教材内容存在重复。我国高中思政课教学内容有相当一部分与初中重复、初中内容与小学重复，大学某些教学内容与中学重复；教材编排在结构性、功能性上追求全面、完整，梯度性、差异性与特殊性呈现不够，教材内容理论性过强、知识容量和难度过大。这里列举如下：第一类，直接涉及"四史"教育的重复。比如，关于中华人民共和国社会主义发展史的有关教学内容。初中八年级《道德与法治》下册的"理解权利义务"一章和"人民当家作主"一章与高中思想政治必修3"人民当家作主"一章存有内容重合的问题，都包括中华人民共和国基本政治制度建设、中华人民共和国特色政治制度的有关知识。初中八年级《道德与法治》下册"人民当家作主"一章与高中思想政治必修2"基本经济制度与经济体制"一章也存有具体内容重叠的现象，都包括中国的基本经济制度和根本经济制度的有关知识。初中《道德与法治》九年级上册的"和谐与梦想"一章与高中思想政治必修1"只有坚持和发展中国特色社会主义才能实现中华民族伟大复兴"一章存有具体内容重合的主要问题，都包括"中国梦"的有关知识。第二类，虽然不直接涉及"四史"教育，但也一定程度上反映出共性问题。比如，初中七年级《道德与法治》教材上册第十课"绽放生命之花"的感受生命的意义、活出生命的精彩和高中《哲学与文化》教材第六课"实现人生的价值"的价值与价值观、价值判断与选择、价值的创造与实现，与大学《思想谐德与法治》教材第一章第二节的"人生价值的评价与实现"存在部分重复。又如，高中《哲学与文化》教材与大学《马克思基本原理》教材的重复尤为突出。高中《哲学与文化》中关于哲学的概念，哲学的基本问题，世界的物质性，运动的规律性，世界是普遍联系的，世界是永恒发展的，唯物辩证法的实质与核心，认识与实践的关系，社会发展规律的社会存在决定社会意识，生产力决定生产关系，经济基础决定上层建筑，与大学《马克思主义基本原理》的前三章"世界的物质性及发展规律""实践与认识及其发展规律""人类社会及其发展规律"高度重复。就大学的公共必修课《马克思主义基本原理》《思想道德与法治》《毛泽东思想和中国特色社会主义理论体系概论》等课程而言,其基本内容在初中和高中政治课中均有涉及。比如,初中阶段"我国的政治和经济制度"、高中阶段"经济与社会""生产资料所有制与经济体制"、本科阶段"毛泽东思想和中国特色社会主义理论体系概论"中的"社会主义初级阶段的基本经济制度"等内容存在着较高的重复率;在宪法教学部分,除了小标题略有变化,具体内容几乎一致。总之,类似重复还有很多,在此不一一列举。

其二,横向重复,即同一学段"四史"教育教材存在重复内容。横向看,大学四门思政必修课教材之间存在内容重复。比如,大学思政课《中国近现代史纲要》与《毛泽东思想和中国特色社会主义理论体系概论》的重复问题就亟待解决。作为教育部统编教材,其中的每个字都意义重大,重复内容既是对教育资源的浪费,也使学生感到没有新意,学习体验欠佳,进而影响思政课的教育效果。具体到"四史"教育相关内容来看,《毛泽东思想和中国特色社会主义理论体系概论》与《中国近现代史纲要》的重复内容列举如下:前者第二章的"新民主主义革命的道路"与后者第五章第一节的"走农村包围城市、武装夺取政权的道路"重复;前者第三章的"社会主义改造理论"、第四章"社会主义建设道路初步探索的理论成果"与后者第八章"中华人民共和国的成立与中国社会主义建设道路的探索"重复。因此,在教学实践中,部分老师对《中国近现代史纲要》中的新中国成立后的教学内容要么直接不讲,要么蜻蜓点水似地一带而过,教学效果和时数大打折扣。

2. 管理机制构建不完善、合作性不足

管理机制是"四史"教育融入大中小学思政课一体化建设的有力保障和坚强支撑。相关部门要从组织体制、制度保障、评价机制等角度强化管理机制。总体来看,我国各学段的思政课管理机制建设取得一定成效,但大中小学各自的机构设置相对来说比较独立,思政课管理机制建设还不够系

统和完善，大中小学思政课一体化建设规划的统筹性、系统性和协调性还有待进一步增强，这一定程度上影响了"四史"教育融入大中小学思政课一体化的实效。

（1）领导决策和协调互动过程中存在错位、缺位现象。当前，我国思政课管理主体在领导和决策组织方面，还存在权责不明晰、权责关系脱节、领导管理效率低等问题，课程建设和实施沟通与协调方面还存在不足；各学段间的职能部门衔接工作、互联互通未能得到有效落实，交流沟通受到阻碍，导致管理、教学信息共享缺失；领导管理乏力现象还时有发生，比如管理人员对相关政策的掌握不力，政策的执行效度不高，不能形成有效的实践交流平台，等等。

（2）考核评价一体化尚未完善。评价方式是教学的风向标，是引导强化思政课教材一体化建设的重要途径。当前各学段思政课的教学评价方式还存在以下几个方面的问题。一是，在大中小学各学段思政课的考核标准不同，各学段教学评价只针对本学段进行，评价缺乏整体性标准，没有形成科学有效的反馈链；二是，评估方式繁多，不同学校的评估方式也存在差异，使一体化建设的评估方法缺乏协调性、延展性；三是，在对思政课教学效果进行评价时，各学段并未将是否遵循了思政课一体化建设要求纳入评价内容之中，较少关注教师在是否注意自己的教学内容与其他学段相关教学内容的前后衔接和螺旋上升式讲授的问题；四是大中小学思政课教师还没有建立起有效的正负向激励机制，教师参与教材一体化、教学一体化建设等工作还基本处于自发阶段，参与意识并不明确，参与热情还有待激发和调动。因此，如何一体化地设计大中小学思政课评价机制，制定合理有效的跨学段、全方位的评价维度和指标体系，切实提升评价的反馈效应，是一个亟待探索的问题。

（3）大中小学思政课优质教育教学资源共享方面还存在不足。大中小学思政课一体化建设中的师资培育机制、集体备课机制、交流研修机制等资源共享问题有待进一步强化。总体来看，高校思政课教师和中小学思政课教师之间交流合作意识不强、普遍性不够。就目前的交流合作方式而言，彼此间的相互合作的方式较为单一，交流的内容比较浅显、不够深入，还没有形成科学有效的整体实施模式，对合作交流的重视度不够。究其缘由，主要在于缺乏健全的组织管理机构和广阔的一体化交流平台，因此现实中，往往存在不同学段的思政课教师只局限于研究本阶段教材和课程标准，中小学思政课教师根本不熟悉高校政治教材和课程标准，高校思政课教师也不了解中小学政治教材和课程标准等现象。各学段教师缺乏梳理整体的思政课教材、相互的知识联系点和核心内容等意识，这就难以从全局出发掌握不同学段教材体系的建构。

3. 思政课教师专业缺口较大、补充力量不足

党的十八大以来，以习近平同志为核心的党中央高度重视大中小学思政课教师队伍建设，出台了一系列文件和政策，推动各学段思政课教师队伍建设取得了显著成效，但同时大中小学思政课教师队伍建设还面临着系列问题和挑战。对大中小学思政课教师的现状进行剖析，有助于发现思政课教师一体化建设存在的问题，找到阻碍不同学段思政课教师一体化发展的症结。这里主要从思政课教师自身现状和思政课教师队伍建设两个方面进行分析和梳理。

（1）思政课教师自身存在的问题。就专业来讲，小学思政课教师存在的短板最大，既缺乏"专业背景"，也缺乏"专职教学"。长期以来，小学一般对思政课教师不作专业要求，大部分小学思政课教师缺乏相关的学科背景，即使作为思政课教师被招录进学校，也通常是讲授其他科目，只兼授思政课。现实教学中，大多数小学思政课教师由班主任或相关课程教师兼任，小学思政课教师因此缺乏相应的专业背景，不能进行专职教学。中学与大学思政课教师则缺乏相应的学科自信和职业认同感，存在教学热情不高、职业幸福感与成就感匮乏等问题。初中阶段的思政课往往是被当作副科，学生和家长会往往不重视这门科目；在当前高考综合改革背景下，高中阶段的思政课成为选择性考试科目，思政课专职教师或多或少都会怀疑与担忧学科地位；大学阶段，除了部分专业课程外，思政课教师大多讲授

的是公共课，思政课无用论、任何老师都能讲思政课等错误声音使部分老师陷入矛盾与怀疑之中。作为未来思政课教师队伍的重要力量，高校马克思主义学院思想政治教育专业的大学生也存在对自身专业的困惑和迷茫。

就教学和科研而言，部分思政课教师存在科研与教学脱节，教学科研与社会实践联系不强等问题。大中小学思政课教师都一定程度上存在科研和教学"两张皮"的现象。相比较而言，中小学思政课教师一般更注重教学而忽视科研，大学思政课专职教师则更注重学术研究而忽视教学。中学思政课教师注重教学活动，是由于中学更重视学生的升学率，这就使得中小学思政课教师对教学的重视远远大于对科研的重视。大学比较重视科研项目的申报与立项，大学的学术资源丰富和学术氛围浓厚，更重要的是，大学教师的学术研究成果与教师职称晋升、社会影响力等直接关联，这也就不难理解大学为何存在学术成果颇丰、教学效果平平的现象。

（2）思政课教师队伍建设存在的问题。大中小学思政教师配置和培养存在短板。① "数量充足"体现了提高大中小学思政课教师队伍配比的建设目标，是大中小学思政课教师队伍一体化建设的首要目标。2019 年 8 月 14 日教育部提出高校应根据全日制本专科生和研究生在校总人数，严格按照师生比不低于 1∶350 的比例核定专职思政课教师岗位等意见，这一方面体现了教育部高度重视高校思政课教师的配置，另一方面也体现出高校思政课教师数量配置不足。现阶段中小学思政课教师与学生比例是根据学生数量和学校需求进行配置，并未明确规定具体的师生比。实际上，大中小学思政教师配置都不足。与中学相比较，大学和小学的缺口问题更加凸显。中学基于升学需要，思政课教师的配备比例相对稳定；小学思政课教师一般由其他科教师兼任，学校一般不会另外单独再招聘思政课教师；大学则对思政课教师的要求较高，教师数量难以满足，因此缺口更大。在思政课教师培养方面，由于马克思主义理论相关专业设立及发展的时间较短，报

---

① 郭亚红，张洪霞：《大中小学思政课教师一体化建设路径》，《思想政治课教学》2021 年第 2 期。

考热度不高，报考人数较少，思政课教师后备人才队伍补充力量不足，专业缺口较大。

学校弥补思政课教师缺口的方式不当。现阶段多数学校采取弥补缺口的主要方式是加大现有思政课教师的工作量、扩大教学班级规模以及由其他学科教师兼任。加大现有思政课教师的工作量会使教师的精力被分散和消耗；扩大班级规模会导致教学效果变差，产生恶性循环；而其他学科的教师由于缺少马克思主义理论等相关的学科背景，缺乏基本的专业素养，这些措施都会造成思想政治理论课的实效性不佳。

4. 课程思政与思政课程协同育人机制尚未形成、融合不够

2016 年 12 月，习近平总书记在全国高校思想政治工作会议上指出："要用好课堂教学这个主渠道，思想政治理论课要坚持在改进中加强，提升思想政治教育亲和力和针对性，满足学生成长发展需求和期待，其他各门课都要守好一段渠、种好责任田，使各类课程与思想政治理论课同向同行，形成协同效应。"[1]2019 年 3 月，他在学校思想政治理论课教师座谈会上指出："坚持显性教育和隐性教育相统一，挖掘其他课程和教学方式中蕴含的思想政治教育资源，实现全员全程全方位育人。"[2]同年 8 月，中共中央办公厅、国务院办公厅印发的《关于深化新时代学校思想政治理论课改革创新的若干意见》首次点出"整体推进高校课程思政"，强调"发挥所有课程育人功能，构建全面覆盖、类型丰富、层次递进、相互支撑的课程体系，使各类课程与思政课同向同行，形成协同效应"。[3] 课程思政，即将思想政治教育元素，包括思想政治教育的理论知识、价值理念以及精神追求等融入各门课程中去，潜移默化地对学生的思想意识、行为举止产生影

---

① 《习近平在全国高校思想政治工作会议上强调：把思想政治工作贯穿教育教学全过程 开创我国高等教育事业发展新局面》，《人民日报》2016 年 12 月 09 日。

② 习近平：《思政课是落实立德树人根本任务的关键课程》，《求是》2020 年第 17 期。

③ 《中办国办印发〈意见〉 深化新时代学校思想政治理论课改革创新》，《人民日报》2019 年 08 月 15 日 01 版。

响。课程思政是新时代产生的一种全新的教育教学理念，落实高校立德树人根本任务的关键举措，其最终目的是培养社会主义建设者和接班人。

随着课程思政建设在高校的持续推进，所有课程都应秉持正确的价值导向、都应发挥育人作用已成为高校教育管理者及任课教师的普遍共识。但不容忽视的是，在当前的教学实践中，依然存在着发挥专业教师融合的纽带作用存在难度、专业知识与思政教育融合存在难度，课程思政与思政课程同向同行、协同育人机制的建构与完善存在难度等方面的问题。[1]

（1）发挥教师融合的纽带作用存在难度。课程思政最终要通过教师这一关键主体发挥桥梁纽带作用。这对每一位课程教师尤其是专业课老师提出了更高要求，除了掌握专业课知识，更要挖掘每门课程所蕴藏的社会价值。在当前的教学实践中，教师在课程思政的教学理念、教学内容、教学方式与方法等方面仍存在一定偏差，这是制约课程思政建设的关键因素。

其一，教学理念存在"浅显化""简单化"倾向。当前，课程思政建设的理论与实践还有待完善，教师对课程思政建设意义的认识还有待深化。部分教师对专业课课程思政的认识还不够深入，在教学理念层面存在以下两种倾向。一是，"浅显化"倾向，即将课程思政当作一项工作任务，是从服从行政指向的维度被动接受的，而不能理解其作为一种教育理念的深刻价值意蕴。必须明确，"课程思政"首先是一种育人理念，其核心要义在于育人，最终实现育人与育才的有机统一。因此需要充分挖掘和运用课程所蕴含的思想政治元素，实现知识传授、能力培养与价值引领的有机统一，实现各类课程的"隐性教育"与思政课程的"显性教育"同向同行、协同育人效应。二是，"简单化"倾向，即仅将课程思政理解为特殊的教育思想，并没有深入思考课程思政与高等教育教学规律的内在联系。[2] 部分教师不重视教学过程的思想引领，认为专业课只需做好知识和技能传授，还存在对课

---

① 王学俭，石岩：《新时代课程思政的内涵、特点、难点及应对策略》，《新疆师范大学学报（哲学社会科学版）》2020 年第 2 期。

② 孟子敏，李莉：《课程思政教学实践中的若干问题及改进路径》，《中国大学教学》2022 年第 3 期。

程思政的认识不足,与新时代"立德树人"的要求存有较大差距。必须认识到,课程思政是在充分尊重高等教育规律、深刻把握高等教育本质和使命的基础上提出的,其目的是通过构建全员全程全方位的"三全"育人格局,实现高等教育"立德树人"的根本任务,最终解决"培养什么人、怎样培养人、为谁培养人"的教育根本问题。

其二,教学内容存在"狭隘化""任意化"倾向。"课程思政"中的"思政",不仅包含政治教育,也包含理论传播、思想引领、价值引导以及伦理道德教育等内容。理论传播即有意识地传授马克思主义的基本原理及中国特色社会主义理论体系,不断推进习近平新时代中国特色社会主义思想进教材进课堂进头脑,坚持不懈用习近平新时代中国特色社会主义思想铸魂育人;思想引领,即以为人民服务为根本宗旨,厚植爱国主义、家国情怀以及社会责任感;价值引导,即帮助学生建立正确的世界观、人生观、价值观,引导学生把国家、社会、公民的价值要求融为一体;伦理道德教育即增强个人道德素养和职业道德素养的教育。教师对课程中思政元素的挖掘和运用,是决定课程思政效果的关键因素。在教学实践中,部分教师存在两种认知倾向:一是,"狭隘化"倾向,即认为课程思政是为维护国家意识形态安全而必须完成的政治任务,不能全面领悟其价值理念和精神追求;二是,"任意化"倾向,即随心所欲地将思政内容往里装,不能系统把握课程思政的教学内容。这两种偏差会干扰甚至误导教师对课程思政教学内容的把握,亟待在实践中予以纠正。这就需要教师强化育心铸魂的主动性责任感,注重教育内容设计的逻辑自洽和内涵延展,提升对科学理论掌握的系统性,将思政教育体系与知识教育体系相贯通。

其三,教学方式与方法"生硬化""单向化"的倾向。课程思政不同于思政课程中的思想政治教育,它是一种隐性的思想政治教育活动,具有渗透性、潜隐性等特征,考验的是教师的教学方法、技巧和艺术等基本功。教师要在事前准备上下功夫,深入思考如何在课堂上有机融入思政内容与方法,做到融会贯通、运用自如,潜移默化地影响学生。但在实践中,教师的教学方式与方法仍存在"生硬化"和"单向化"两种倾向。一是"生硬化"

倾向，即"硬性嵌入"，部分老师认为课程思政是"课程+思政"，不是致力于挖掘课程本身蕴含的思想政治教育元素，而是一味地增加教学内容，努力寻找并添加与课程关联性不大的"盐"，在教学中生搬硬套、生拉硬扯，为思政而思政。要排除这种干扰，就要让教师认识到，实施课程思政是因为课程里有思政，而不是在课程之外加思政，并能自觉、主动地把课程中具有教育性的思政元素融入教学之中，真正落实立德树人根本任务，切实履行教书育人职责。二是"单向化"倾向，即"单向灌输"，而不是"双向互动"，学生缺乏主动性。这种教师主动、学生被动的状态，无论是理论讲授，还是结合举例说明，都难以使课程思政教学真正打动人心、触及学生心灵。要排除这种干扰，就要改变传统的以"说""教"为主的单向灌输方式，探索"讲""查""演""做"等多元化教学方式并举，并加以灵活组合，促使学生在自我感悟中体会和领悟。

(2)专业知识与思政教育融合存在难度。教育部印发的《高等学校课程思政建设指导纲要》指出，高校要深化教育教学改革，充分挖掘各类课程思想政治资源，发挥好每门课程的育人作用，全面提高人才培养质量。课程思政建设要在所有高校、所有学科专业全面推进。在各类专业课程中，不同学科蕴含的科学精神、人文素养成为思政课程不可或缺的重要元素和内容。专业课教师不仅传授业务知识，更要努力传播先进思想理论，争做教书育人的"大先生"，实现专业育人与思政育人一体化。而在实践课程中，多元化的课内课外实践课程能够创设社会情境，唤醒理论思维与感性体验的内在张力，让学生在理性与感性的不断碰撞中真切体验、感受建党百年来筚路蓝缕、披荆斩棘的奋进历程和辉煌成就，不断增强对党的领导和中国特色社会主义的政治认同、思想认同、理论认同、情感认同。

但如何将专业知识和思想政治教育相融合是课程思政建设的一大难点。专业知识比较注重知识的科学性，思政教育追求的是"真善美"的有机统一。这里的"真"如何有机融入"善与美"，是课程思政建设必须要面对的首要课题。自欧洲文艺复兴以来，人类知识结构逐渐发展和细化，随着三次科技革命的兴起和发展，人类知识体系已然呈现出专家体系垄断的发展态势。这一发展态势有力地提升了人类认识世界、改造世界的水平，极大地改善了人类生活质量，但与之相伴而生的是，知识的"传帮带"渐趋片面化、狭隘化。随着各种公理、定理的运用，专业课的教与学模糊了知识背后所蕴藏的价值追求，人们逐渐淡忘了学习知识的价值和意义。中国特色社会主义进入新时代，我国发展处于新的历史方位，社会主义核心价值观作为当代中国精神的集中体现，作为整个社会凝心聚力根本内核的位置日益凸显。新时代，如何让社会主义核心价值观贯穿于专业课"求真"的全过程，是课程思政亟待解决的首要问题。因此，在整个教学实践过程中，都需要教师能深入挖掘专业课程中所蕴含的价值追求，回溯知识追求的初心，切实做到科学精神与人文精神的有机统一，自觉将社会主义核心价值观潜移默化地融入各自的教学中。

(3)协同育人机制的建构与完善存在难度。新时代高校课程思政建设，不能单兵作战，囿于孤岛，必须与思政课程同向发力、相向而行，形成协同效应，营造良好育人生态。在实践中，协同育人机制的形成和发展还面临一些难题。

其一，协同育人的工作理念"淡"。部分教育工作者在课程教学中重视学科性而忽略思想性，对蕴含在课程中的思想政治教育元素视而不见。比如，在课程思政建设中，"课程思政就是水加盐"的观念就对课程思政的实践造成了不小干扰。课程育人是一项系统复杂的工程，在学校思政课教师座谈会上，习近平总书记提出"八个统一"的具体要求，即坚持政治性和学理性相统一、价值性和知识性相统一、建设性和批判性相统一、理论性和实践性相统一、统一性和多样性相统一、主导性和主体性相统一、灌输性和启发性相统一、显性教育和隐性教育相统一，这不仅为思政课的改革创新指明了方向，同样也适用于其他课程。其中明确提出要坚持显性教育和隐性教育相统一，挖掘其他课程和教学方式中蕴含的思政教育资源，实现全员全程全方位育人。课程思政不是单一的一门课程，也不是孤立的一项活动，而是要将思政教育融入课程教学和改革的各个环节和方面，充分挖掘隐性元素，发挥隐性教育的育人功能。"办好思想政治理论课关键在教师",而"大思政课"的教师队伍不再局限于传统的思政课教师,还包括专业课教师、学校党政管理人员等全体教职工。此外,校外的各级党政领导干部、正式社会组织成员、各级先进模范人物以及各界优秀成功人士都是潜在的思政课教师,都应该深刻理解课程思政的深刻内涵,摒弃偏见,打破壁垒,共同服务于课程思政的建设。

其二,协同育人的机制建设"粗"。课程思政是落实立德树人的重要载体和具体实践。高校思政课与日常思政教育在育人内容上既有内在关联性,又各有侧重点。要通过构建育人内容协同机制,充分发挥二者在教育内容上的互补性,提升思政工作效果。比如,要建立协作化管理机制,依托学生信息库构建思政教育大数据教学与管理平台,组织思政课教师和日常思政教育工作者定期进行数据分析,增强理论教学和日常教育的针对性;要完善参与式备课制度,建立辅导员参与思政课集体备课制度,使思政课教师了解学生的思想特点,吸收相关建议,科学安排教学内容,提高思政课教学的实效性;要实行联动式活动组织,不仅要让思政课教师参与到校、院主题教育活动内容设计和现场组织中来,提高活动的思想性,思政课教学实践活动也要与学校或院系开展的主题教育活动有机结合起来,避免"两张皮"现象。但在目前的实践中,课程思政缺乏有力的政策支持、合理的制度安排和完整的监督评价机制,还没有建构起完整、坚实的协同育人机制。

第四章 "四史"教育融入大中小学思政课一体化的整体架构

"四史"教育融入大中小学思政课一体化建设离不开"四史"教育的整体架构。"四史"教育一体化要深刻把握"四史"教育总体要求,对大中小学"四史"教育的目标、内容和组织要素作系统分析和综合考察,构建一个纵向衔接、横向融合与纵横交叉的一体化"四史"教育格局,助力思政课建设的内涵式发展。

一、把握"四史"教育总体要求一以贯之, 实现课程理念一体化

(一)深刻把握习近平总书记关于"四史"学习教育的重要论述

从根本上讲,"四史"是马克思主义理论和实践发展的历史,是社会主义者五百多年岁月沉淀的历史记忆,是我们弥足珍贵的精神瑰宝和财富。党的十八大以来,习近平总书记以深邃的历史眼光、深入的历史思考、深刻的历史意识,就学习"四史"作出一系列重要论述,深刻阐述了学习"四史"的重大现实意义,全面分析了加强"四史"学习教育的原则要求,也着重明确了"四史"学习教育实践路径,构成习近平新时代中国特色社会主义思想的重要组成部分,为我们指明了学习"四史"的重要"理据"和"路径",是推进"四史"教育的理论指引。要把"四史"教育与学习习近平新时代中国

特色社会主义思想紧密结合起来，更加自觉地以党的创新理论武装头脑、指导实践、推动工作。

1. 学习"四史"的重大现实意义

（1）历史是最好的教科书。习近平总书记高度重视历史学习，强调："各级领导干部还要认真学习党史、国史，知史爱党，知史爱国。要了解我们党和国家事业的来龙去脉，汲取我们党和国家的历史经验，正确了解党和国家历史上的重大事件和重要人物。这对正确认识党情、国情十分必要，对开创未来也十分必要，因为历史是最好的教科书。"①历史真正呈现给人们的从来都不是故纸堆，而是一个民族、一个国家走过的道路，是世道变迁、兴衰成败的规律，是前人留下的"百科全书"。正因为如此，看得见多远的过去，就能走得到多远的未来。

中华民族五千年的历史创造了光辉灿烂的中华文化，长期领先于世界。尽管历经王朝的动乱与更迭，在相当长的时间内，中国都处于万邦来朝的盛世景象中。但1840年的鸦片战争以血与火的形式将中国裹挟进世界变革的浪潮中。中国先进的知识分子为挽救民族危亡，"以爱国相砥砺，以救亡为己任"，自强运动和改良主义、资产阶级革命派领导的革命以及其他种种西方方案等各种社会思潮竞相登台，却在实践中一再碰壁。中国共产党人从孙中山等民族革命先行者的手中接过民族复兴的接力棒，找到了马克思主义这个放之四海而皆准的普遍真理，带领中国人民经过28年浴血奋战，完成了近代以来各种政治力量都不可能完成的政治任务，建立了中华人民共和国，实现了国家的独立、民族的解放，迎来了中华民族"站起来"的时代。其后，由于缺乏建设社会主义的历史经验，我国一段时期内照搬照抄苏联模式。20世纪50年代中国社会发展取得的成就无疑是巨大的，但由于时代和认识的限度，也存在着很大的局限性。历史的曲折促使中国重新思考自己的发展道路，以邓小平为代表的中国共产党人坚持

① 《习近平谈治国理政》第1卷，外文出版社2018年版，第405页。

一切从实际出发，确立"解放思想、实事求是"的思想路线，开创了中国特色社会主义建设事业的新局面。中国改革的成功使中国发出无限生机和活力，经济快速发展，人民生活水平提高，开启了"富起来"时代征程。

党的十八大以来，以习近平同志为核心的党中央不忘初心、砥砺奋进，凝心聚力、共谋发展，从生产力到生产关系、从经济基础到上层建筑、从国内到国际全方位实现了社会的整体转型升级，中国开始迈进"强起来"的时代征程，中华民族迎来了从站起来、富起来到强起来的伟大飞跃，迎来了实现中华民族伟大复兴的光明前景。党和国家事业取得历史性成就、发生历史性变革，从根本上改变了中国人民的前途命运。中国人民彻底摆脱了被欺负、被压迫、被奴役的命运，中国人民更加自主、自信、自立、自强，极大增强了志气、骨气、底气，在历史进程中积累的强大能量充分爆发出来，焕发出前所未有的历史主动精神、历史创造精神，正在信心百倍书写着新时代中国发展的伟大历史。党和国家事业取得历史性成就、发生历史性变革，验证了实现中华民族伟大复兴的正确道路。中国仅用几十年时间就走完发达国家几百年走过的工业化历程，创造了经济快速发展和社会长期稳定两大奇迹，中华民族向世界展现了一派欣欣向荣的气象，巍然屹立于世界东方。可以说，中国社会的变迁是逐步走出来的，今天的中国是昨天的中国的延续。

只有历尽灾难、饱受列强欺凌的中国人，才有刻骨铭心的"翻身感"。经过百年的奋斗，几代人的努力，中国人民终于站起来了。这种感受是后来新中国成长起来的青年们无法体会得到的，他们认为中国本来就是这样的。清代学者凌廷堪非常重视史学，他强调史学"所关者甚巨"。对当代青年来说，虽已远离曾经苦难与屈辱的生活，但多读一些中国近代历史的书籍，可以弥补知识的欠缺。因此，简明而质量较高的读物的出版尤显必要。

(2)历史是最好的清醒剂。习近平总书记指出："以史为鉴，才能避免重蹈覆辙。对历史，我们要心怀敬畏、心怀良知。历史无法改变，但未来可以塑造。"①历史警示人们，只有汲取前人教训，才能保持清醒和定力。历史经验值得总结，历史教训尤应汲取。忘记历史就意味着背叛，无视历史规律就必然遭到历史惩罚。对此，习近平总书记强调，凌驾于人民之上，就必将被人民所抛弃。任何政党都是如此，这是历史发展的铁律；纵观世界历史，依靠武力对外侵略扩张最终都是要失败的，这是历史规律；人类发展活动必须尊重自然、顺应自然、保护自然，否则就会遭到大自然的报复，这个规律谁也无法抗拒，等等。

在庆祝中国共产党成立 100 周年大会上，习近平总书记回顾了党的百年奋斗历程，强调指出，"中国人民站起来了，中华民族任人宰割、饱受欺凌的时代一去不复返了"②，"中华民族迎来了从站起来、富起来到强起来的伟大飞跃，实现中华民族伟大复兴进入了不可逆转的历史进程"③！可以说，百年党史是一部抗争史，凝聚着先辈的鲜血与汗水。在革命战争年代，无数革命先烈以顽强抗争守真理，以不畏牺牲担使命，在争取民族独立和人民解放的艰苦奋斗中一往无前；在和平建设时期，无数先锋模范忘我奉献、矢志进取，为实现国家富强和人民幸福呕心沥血……中国共产党人凭着勇往直前以赴之、断头流血以从之、殚精竭虑以成之的赤子情怀和使命担当，团结带领中国人民英勇顽强奋斗，不断创造举世瞩目的成就。

今天的中国，已经全面建成小康社会，迈上了全面建设社会主义现代化国家的新征程。铭记历史，我们就会以更加自信的姿态去迎接更加美好的明天。大变局的世界和新时代的中国，更需要我们以史为鉴、开创未来，常怀远虑、居安思危，汇聚起家国情怀的磅礴伟力。我们唯有"不忘初心、牢记使命"，以知重负重、攻坚克难的实际行动，激发圆梦中华的担当，以"强国有我"的昂扬姿态，惜时、努力，再奋斗。

（3）历史是最好的营养剂。在 21 世纪的今天，几千年来人类积累的一切理性知识和实践知识依然是人类创造性前进的重要基础。历史告诉我

---

① 《习近平谈治国理政》第 1 卷，外文出版社 2018 年版，第 522 页。
② 《习近平谈治国理政》第 4 卷，外文出版社 2022 年版，第 5 页。
③ 《习近平谈治国理政》第 4 卷，外文出版社 2022 年版，第 6 页。

们，过去、现在、未来是相通的，只有继承前人的遗产，才能向前发展。无限的过去都以现在为归宿，无限的未来都以现在为渊源。历史是过去的现实，现实将是未来的"历史深处"，历史的联系不能割断，也割不断。

习近平总书记在党史学习教育动员大会上的讲话中指出："中国革命历史是最好的营养剂，重温这部伟大历史能够受到党的初心使命、性质宗旨、理想信念的生动教育，必须铭记光辉历史、传承红色基因。"①这为充分发挥中国革命历史的营养剂作用指明了方向。首先，从革命历史中汲取初心使命的营养。一部百年党史，就是一部践行党的初心使命的历史。中国共产党自成立之日起，就把为中国人民谋幸福、为中华民族谋复兴写在自己的旗帜上。党领导中国人民革命、建设、改革，归根到底都是为了把我国建设成为现代化强国，让中国人民过上幸福生活，实现中华民族的复兴大业。学习党的历史，就要不断砥砺初心使命，在民族复兴新征程上继续勇于担当作为。其次，从革命历史中汲取理想信念的营养。革命理想高于天。对共产主义的信仰，对中国特色社会主义的信念，是共产党人的政治灵魂，是共产党人经受住任何考验的精神支柱。学习党的历史，就要坚定理想信念，赓续共产党人精神血脉，始终保持革命者的大无畏奋斗精神。再次，从革命历史中汲取对党忠诚的营养。对党忠诚，是共产党人首要的政治品质。学习党的历史，就要向英雄前辈们学习，始终忠于党、忠于党的事业，铁心跟党走、九死而不悔。最后，从革命历史中汲取密切党同人民群众血肉联系的营养。百年来，我们党始终与人民心连心、同呼吸、共命运，紧紧依靠人民取得一个又一个胜利。学习党的历史，就要牢记"江山就是人民，人民就是江山"，一切为了人民、一切依靠人民，始终把人民放在心中最高位置，与群众有福同享、有难同当，有盐同咸、无盐同淡，永不脱离群众。

回望过去，是为了更好地前行。学习中国革命历史，从中汲取智慧与营养，最终要落实到行动上，不断把前人历尽千辛万苦开创的事业推向前

---

① 习近平：《在党史学习教育动员大会上的讲话》，《求是》2021年第7期。

进，开辟中国特色社会主义更加美好的未来。这是对先辈最好的告慰，对历史最好的传承。

（4）历史蕴含着应变的智慧。面对复杂变化的世界，人类社会向何处去？对于回答时代之问，习近平总书记指出："我们要从历史中汲取智慧。历史学家早就断言，经济快速发展使社会变革成为必需，经济发展易获支持，而社会变革常遭抵制。我们不能因此踟蹰不前，而要砥砺前行。"①历史是前人各种知识、经验和智慧的总汇。从某种意义上说，史学就是应变之学。贤者预变而变，智者知变而变，愚者见变不变。面对百年未有之大变局，站在世界历史的十字路口，合作还是对抗？开放还是封闭？互利共赢还是零和博弈？如何回答这些问题，关乎人类前途命运。和平与发展是全人类的共同愿望，"要顺应人民呼声，接过历史接力棒，继续在和平与发展的马拉松跑道上奋勇向前"②。习近平总书记的重要论述，为在十字路口徘徊的世界指明了方向、明确了出路。

党和人民的百年奋斗，书写了中华民族几千年历史上最恢宏的史诗。历史和实践充分表明，不论过去、现在还是将来，党的历史经验始终是激励我们不畏艰难、勇往直前的宝贵精神财富。要实现党和国家兴旺发达、长治久安，全党同志必须保持革命精神、革命斗志。越是伟大的事业，越是充满挑战，越需要知重负重。新的征程上，我们要更加紧密地团结在以习近平同志为核心的党中央周围，全面贯彻习近平新时代中国特色社会主义思想，努力把学习成效转化为推动工作的强大力量。不断从党百年奋斗的重大成就和历史经验中汲取智慧力量，善于把握大势、服务大局，主动担当尽责，提高发现问题、分析问题和解决问题的能力，练就破解难题、推动发展的本领，在新征程上创造新的历史伟业。

2. 加强"四史"学习教育的原则要求

（1）要树立科学史观。"四史"学习教育是一个庞大的系统工程，要站

---

① 《习近平谈治国理政》第 2 卷，外文出版社 2017 年版，第 543 页。
② 《习近平谈治国理政》第 2 卷，外文出版社 2017 年版，第 538 页。

在大历史观的视野下，端正历史态度，积极探究党史、新中国史、改革开放史、社会主义发展史的本质，科学对待"四史"，为引导树立正确的历史观提供有力保障。党的十八大以来，习近平总书记高度重视学习历史，多次强调要"树立正确的历史观"，并在党史学习教育动员大会上发表重要讲话，作出"要树立正确党史观"的重要论述，在《中共中央关于党的百年奋斗重大成就和历史经验的决议》（以下简称《决议》）的说明中强调"要坚持辩证唯物主义和历史唯物主义的方法论，用具体历史的、客观全面的、联系发展的观点来看待党的历史。要坚持正确党史观、树立大历史观，准确把握党的历史发展的主题主线、主流本质"①。在"四史"学习中也必须坚持具体历史的、客观全面的、联系发展的观点。

坚持具体历史的观点。列宁曾经指出，马克思的方法首先是考虑具体时间、具体环境里的历史过程的客观内容。党的百年历史是一步一步走过来的。总结党的历史，要回到具体史实中去，植根于作为客观事实而存在的历史本身，立足于党在各个历史时期的具体奋斗作出客观评价。党的十九届六中全会《决议》将百年党史划分为新民主主义革命时期、社会主义革命和建设时期、改革开放和社会主义现代化建设新时期、中国特色社会主义新时代，具体分析了各个历史时期我们党面临的主要任务、社会主要矛盾、奋斗历程、重大成就等，全面总结党的百年奋斗重大成就和历史经验，具有深远意义。

坚持客观全面的观点。看待历史不能凭主观臆断，不能把片断从整体中割裂开来。比如，党的百年历史是由各个历史时期有机衔接起来的整体。要把我们党的百年奋斗史作为一个整体进行审视。比如，学习"改革开放史"要在理论上厘清新中国成立至改革开放前30年和后40年两个时期的历史及其相互关系，正确认识前30年历史对改革开放的意义，倍加珍惜和自觉运用改革开放后40年的宝贵经验。

坚持联系发展的观点。联系的观点、发展的观点是马克思主义的基本

---

① 《习近平谈治国理政》第4卷，外文出版社2022年版，第19-20页。

观点。比如对于我们党作出的三个历史决议，习近平总书记指出："关于党的十八大之前党的历史上的重大事件、重要会议、重要人物，前两个历史决议、党的一系列重要文献都有过大量论述，都郑重作过结论。这次全会决议坚持这些基本论述和结论。"①三个历史决议是有机贯通、内在一致的，充分体现了联系的观点。同时，《决议》重点总结新时代党和国家事业取得的历史性成就、发生的历史性变革和积累的新鲜经验，有利于引导全党进一步坚定信心，聚焦我们正在做的事情，以更加昂扬的姿态奋进新征程、建功新时代，充分体现了发展的观点。

（2）要涵养历史思维。习近平总书记高度重视"四史"学习，希望通过"四史"学习不断培育历史眼光，不断增强把握历史规律的能力，在涵养历史思维的过程中培育政治定力，自觉按照历史规律和历史发展的思想方法和工作方法完成所背负的使命任务。涵养"历史思维"，我们才能总结历史经验、把握历史规律，增强开拓前进的勇气和力量。

所谓历史思维，是指运用马克思主义唯物史观从历史视野和发展规律中思考分析问题、把握前进方向、指导现实工作的科学思维。历史是前人的"百科全书"，其中包含着许多对国家、社会、民族及个人成与败、兴与衰、安与危、正与邪、荣与辱、义与利、廉与贪等方方面面的思考，是一本看成败、鉴得失、知兴替的治国理政教科书。历史不仅仅只是单纯的知识积累，其实更关乎国家民族的生死存亡。我们党在领导中国革命、建设和发展过程中一贯重视以史为鉴，注重从历史中总结成败得失，从盛衰兴亡中吸取历代治国安邦的经验和教训，正如毛泽东同志所说，马克思主义者是善于学习历史的。

知其所来，识其所在，才能明其将往。我们党是具有高度自觉历史意识、十分注重历史思维、善于以历史眼光思考分析问题的马克思主义政党。习近平总书记更是善于把事物放在历史长河中来考察，从正反两方面历史经验教训中来总结，从历史分析中判断未来的发展趋势。实现中华民

---

① 《习近平谈治国理政》第 4 卷，外文出版社 2022 年版，第 21 页。

族伟大复兴的中国梦便是习近平总书记运用历史思维的方法，在对一个半世纪中国历史的回顾和对近代以来中国人民不懈奋斗主题的深刻认识的基础上概括出来的，具有强烈的历史感。正因为这种历史感，这一愿景一经提出，就引起亿万中华儿女的强烈共鸣。

前事不忘，后事之师。学习和研究历史是为了把握未来，走向未来。洞察历史发展趋势，顺应历史潮流才能在工作中增强主动性和预见性，才能少走弯路或不走弯路。历史自有其规律，也有发展的大方向、大趋势，透过纷繁复杂的历史现象寻找历史规律，便是历史思维的根本任务。不忘历史才能开辟未来，历史之中有智慧、历史之中有营养。历史思维是一种伟大的动力，也是一种责任思维，它培养我们一种创造历史的担当精神，推动我们承担起历史的责任。我们必须自觉涵养历史思维，将历史作为必修课。这门功课不仅必修，而且必须修好，要在对历史的深入学习思考中汲取前行的智慧、养分和力量，在现实工作中照好历史这面镜子，更好地走向未来。同时不能忘记走过的路，即使走得再远、走到再光辉的未来，也不能忘记经历的过去，不能忘记为什么出发。①

（3）要把握历史主动。习近平总书记在党史学习教育动员大会、庆祝中国共产党成立 100 周年大会、党的十九届六中全会等多个重要会议上发表的重要讲话中，都将"把握历史主动"作为关键词。他强调，党员干部特别是领导干部要发扬历史主动精神。面对中华民族伟大复兴进程中的重大风险挑战，如果我们能够坚持以史为鉴，善于从党的历史经验中正确判断形势、科学预见未来，就能把握历史主动的重要思想武器，更好观察时代、把握时代、引领时代。

把握历史主动，要坚定历史自信。我们党、国家和民族是最有理由自信的。放眼中华文明五千多年历史，没有哪一种政治力量能像中国共产党这样深刻地、历史性地推动中华民族发展进程。特别是党的十八大以来，以习近平同志为核心的党中央领导全党全军全国各族人民砥砺前行，推动

---

① 许海兵：《自觉涵养历史思维》，《中国纪检监察报》2019 年 3 月 14 日。

党和国家事业取得历史性成就、发生历史性变革，中华民族迎来了从站起来、富起来到强起来的伟大飞跃，实现中华民族伟大复兴进入了不可逆转的历史进程！我们有极大的志气、自豪的骨气、足够的底气，始终把握时与势，始终站在历史正确的一边，以更加自信、自立、自强的姿态，以前所未有的历史主动精神、历史创造精神，在新的赶考之路上继续交出优异答卷。

把握历史主动，要善于把握历史发展规律。历史发展有其内在规律。只有深刻洞察和科学运用规律，才能在贯通历史、现实和未来中赢得主动。在革命、建设、改革各个历史时期，我们党都善于把握历史发展规律和大势，正确认识党和人民事业所处的历史方位和发展阶段，以此作为明确阶段性中心任务、制定路线方针政策的基本依据。抗日战争时期，针对当时悲观失望的"亡国论"与盲目乐观的"速胜论"，毛泽东同志在《论持久战》中科学地预见和分析了中国抗日战争发展的三个阶段，为我们党最终团结带领人民赢得抗日战争伟大胜利提供了战略指引。新中国成立之初，我们党深刻认识到，从新民主主义社会进入社会主义社会需要经历一个过渡阶段，由此形成了党在过渡时期的总路线，创造性地完成了由新民主主义革命向社会主义革命的转变，完成了社会主义改造，成功实现了中国历史上最深刻最伟大的社会变革。党的十一届三中全会基于对时代潮流的深刻洞察，作出改革开放的历史性决策，实现了新中国成立以来党的历史上具有深远意义的伟大转折，开启了我国改革开放和社会主义现代化建设新时期。党的十八大以来，以习近平同志为核心的党中央统筹推进"五位一体"总体布局、协调推进"四个全面"战略布局，在危机中育先机、于变局中开新局，推动中国特色社会主义进入新时代。

历史发展是连续性和阶段性的统一。有如接力赛跑，要实现最终胜利，必须每一棒都担当使命、拼尽全力、占位争先，积小胜为全胜。全面建设社会主义现代化国家，仍然是"做我们的前人从来没有做过的极其光荣伟大的事业"，还将继续进行具有许多新的历史特点的伟大斗争，必须准备为之付出更为艰巨、更为艰苦的努力。面对百年未有之大变局，胸怀中华民族伟大复兴战略全局，唯有增强历史定力，扛起历史使命，尽心竭力跑好我们这一棒，才能无愧历史、不负人民，才能以历史主动赢得战略主动、工作主动、未来主动，不断把中华民族伟大复兴的历史伟业推向前进。

3. 加强"四史"学习教育的实践路径

加强党史、新中国史、改革开放史、社会主义发展史学习教育是教育系统当前和今后一个时期的重要政治任务。习近平总书记提出"希望广大党员特别是青年党员认真学习马克思主义理论，结合学习党史、新中国史、改革开放史、社会主义发展史，在学思践悟中坚定理想信念，在奋发有为中践行初心使命"的要求，为"四史"学习提供了鲜明的行动指向。要将其作为学习贯彻习近平总书记关于教育的重要论述的重要抓手，作为加强爱国主义教育的重要途径，在全国师生中广泛掀起学习教育的热潮。

（1）勤学：以学习坚定历史信仰①。只有加强"四史"学习才能更加坚定马克思主义信仰，才能经受住各种挑战和风险的考验。"四史"中凝结了中国共产党执政规律、社会主义建设规律和人类社会发展规律，是兼具历史发展客观性和整体性的统一有机体。要坚持以马克思主义理论为指导，结合马克思主义经典著作展开学习研究，在刻苦钻研中学懂、弄透"四史"中蕴含的历史本质和规律；要带着问题去学习历史进程中的重要事件和重大决议，要结合自身思想实际情况学习历史人物的优秀品质，及时发现自身在理论知识等方面存在的不足并主动纠正，在分析和解决问题的过程中不断提升思想觉悟；要持之以恒地学习，"四史"涉及的知识内容广泛，时间跨度大，需要一个长期的研读掌握过程，只有坚持不懈地反复学习、扎实学习、勤奋学习，把"四史"学习融入日常学习和工作生活，才能把握当代马克思主义的实质和精髓。

---

① 周璇：《习近平关于"四史"学习重要论述的四重逻辑》，《理论导刊》2021 年第 6 期。

（2）善思：以思考培养历史自觉。"四史"学习需要将思考充分融入学习的全过程，要结合当今时代背景，联系自身实际情况，不断提升理论思辨能力，主动培育历史自觉意识，在思考中不断深化对"四史"的认知和把握。所谓历史自觉，是一种对人类社会历史运行规律的深刻领悟并主动营造历史发展前景的能力和水平。中国共产党的诞生、中华人民共和国的成立、改革开放的实行，中国特色社会主义进入新时代，都是把握历史规律、顺应历史潮流、掌握历史主动的结果，体现着中国共产党人高度的历史自觉。有传承中华文明、担当中华民族伟大复兴的历史自觉，我们党始终将民族复兴作为自己的奋斗目标，经过长期努力，中华民族迎来了从站起来、富起来到强起来的伟大飞跃；有实现远大理想、坚定走中国特色社会主义道路的历史自觉，当前，世界百年未有之大变局加速演变，新冠肺炎疫情全球大流行，国际格局"东升西降"的趋势更加显著，在资本主义光环日益褪去的同时，社会主义在世界上越来越得到认同，中国特色社会主义的巨大成就大大增强了社会主义的影响力吸引力，尤其是以习近平同志为核心的党中央紧紧围绕坚持和发展新时代中国特色社会主义，带领全党全国人民举旗定向、谋篇布局，攻坚克难、改革创新，创造了举世瞩目的伟大成就，彰显了社会主义在当代中国、当今世界的强大生命力创造力；有不断进行自我革命、以百年风华正茂引领千秋伟业的历史自觉，我们党是世界上最大的执政党，也是有百年历史的政党，之所以历经百年仍然风华正茂，就是因为我们始终坚守理想信念，始终从历史中汲取营养和力量，始终充满青春的朝气锐气。

（3）笃行：以行动落实历史担当。习近平总书记强调："历史总是要前进的，历史从不等待一切犹豫者、观望者、懈怠者、软弱者。只有与历史同步伐、与时代共命运的人，才能赢得光明的未来。"担当精神是中国共产党人从历史中继承的优秀品质。从"小小红船"到"巍巍巨轮"，我们党创造了非凡业绩。站在新的历史起点上，中国共产党以深沉的使命责任意识和强烈的历史担当精神，带领中国人民开启全面建设社会主义现代化国家新征程。通过"四史"学习我们能够认识到，中国共产党一经成立，就义无反顾肩负起实现中华民族伟大复兴的历史使命,一代又一代共产党人为之接续奋斗;我们党百余年的奋斗史、新中国70多年的发展史,就是一部中国共产党人担当作为、不懈奋斗的光辉历史。为了实现自己的历史使命,中国共产党无论弱小还是强大,无论顺境还是逆境,都初心不改、矢志不渝,团结带领人民,破除千难万险,付出巨大牺牲,攻克了一个又一个看似不可攻克的难关,创造了一个又一个彪炳史册的人间奇迹,使近代以来久经磨难的中华民族迎来了从站起来、富起来到强起来的伟大飞跃。学习"四史",可以深刻认识一代人有一代人的担当的本质内涵,立足新征程新使命,接好时代的"接力棒",走好当代人的长征路。我们党致力于中华民族千秋伟业,征程在前、使命在肩;我们党今天的历史担当,就是肩负起全面建设社会主义现代化国家的使命,不断创造新的伟业、铸就新的辉煌。

习近平新时代中国特色社会主义思想是马克思主义中国化最新成果,是当代中国马克思主义、21世纪马克思主义。要把加强党史、新中国史、改革开放史、社会主义发展史学习教育同推动习近平新时代中国特色社会主义思想进教材、进课堂、进头脑结合起来,引导师生不断加深对习近平新时代中国特色社会主义思想核心要义、精神实质、丰富内涵、实践要求的把握,进一步在学懂弄通做实上下足功夫。

(二)大中小学"四史"教育应正确处理的几对关系

各行各业都要开展"四史"教育,而"四史"教育的形式应该是多种多样的。有关部门要求将"四史"教育融入所有必修课中,有条件的学校要开设"四史"教育专门课程。"四史"教育融入大中小学一体化建设,需要正确处理以下几对重要关系。

1. 大中小学"四史"教材内容特色与有机衔接之间的关系

如前所述,当前我国思政课程存在内容重复交叉、衔接性不强的问题,大中小学思政课一体化建设工作任重道远。因此大中小学"四史"教育必须坚持各学段教材既独具特色又衔接有序，助力解决教材内容重复交叉、衔接性不强的问题。

（1）助力教材内容重复问题的解决。必须明确，我们并不是反对或排斥一切内容重复的现象，而是要排斥无视学段变化、对同一知识点的简单重复，而不从多重角度和不同深度进行讲解。当前大中小学思政课教材内容仍有不同程度的重复，这一方面是因为教师没有准确把握各学段学生的认知特点和规律，也没有深入细致地分析和理解知识点，也就不能合理安排和设置符合学段要求的知识点。坚持大中小学"四史"教材内容特色与有机衔接，既根据各学段学生的认知特点有针对性地讲解核心知识点，又强调以核心知识点联系相应学段"四史"教材内容的线索，从而能有效解决教材内容重复问题。

（2）助力教材内容学段性缺失问题的解决。综观我国思政课教材，不难以发现，小学、中学和大学阶段的知识点呈现由少到多的特点，往往后一学段的思政课教材包含前一学段的知识点。而每本教材的容量有限，因此知识点学段性缺失问题时有发生，"四史"教育也不例外。基于此，我们应坚持"四史"各学段教材独具特色的同时，又要保持其衔接有序，统筹安排教材内容，形成完整性的知识结构。①

（3）助力教材内容逻辑关联不强问题的解决。现行的思政课教材往往是根据知识点，以专题模块的形式进行编写。其优势是知识点的划分非常清楚明白，但其劣势也是明显的，即不同类别知识点间的逻辑性关联不大，因此学生在理解和学习知识时存在一定程度的隔断。这个问题也存在于"四史"教材的内容体系，因此我们要处理好"四史"教材内容特色与有机衔接之间的关系，以解决教材内容逻辑关联不强的问题。

2. 大中小学"四史"教师教研独创性与协同性之间的关系

一方面，要充分发挥大中小学各学段思政课教师教研的独创性，即针

---

① 贾丽民，宋小芳：《新时代大中小学思政课一体化建设应正确处理的几对关系》，《思想理论教育导刊》2022 年第 4 期。

对教学过程中的问题，教师依靠自己的智力独立地解决，强调的是教师独立进行研究、不受他人影响；另一方面，要加强大中小学各学段思政课教师的协同性研究，即面对具体问题，大中小学思政课教师合作共同展开研究，强调的是教师的合作性探讨。就表面而言，两者存在着巨大张力、界限分明。但事实上，两者相互依存、互为补充。具体来讲，教师个人的教研独创性是教师教研协同性的基础，而教师教研协同性的发挥则是独创性的保障。因此我们要推动教研独创性与协同性的有机结合。在坚持大中小学各学段思政课教师个人教研独创性的同时，不断加强大中小学各学段思政课教师的教研协同性，具有极其重要意义。

（1）助力教研活动"各自为政"问题的解决。总体来看，不同学段的教师教学研究往往局限于自己所在的学段，教学过程中存在或遇到的问题也通常在本学段教师间进行分析和探讨。这就导致可以利用的资源相对有限。而推进教研独创性与协同性相结合，有助于打破不同学段思政课教师的学段壁垒，推动教育资源的流动。

（2）助力教研活动形式化问题的解决。在当前教学实践中，仍一定程度上存在教研活动的形式化问题，这主要是由于部分教师缺乏问题意识，对教研的独创性不够重视，对教学环节的反思和分析不足。在充分尊重教师独创性的基础上，加强与其他各学段教师的联系，不断增强协同性，经常开展共同合作的教研活动，有助于解决教研活动形式化问题，有助于形成浓厚的教研氛围，进而不断增强大中小学各学段教师的教研热情。

3. 大中小学"四史"课堂教学与社会实践之间的关系

马克思指出："全部社会生活在本质上是实践的。凡是把理论引向神秘主义的神秘东西，都能在人的实践中以及对这个实践的理解中得到合理的解决。"思政课不是书斋里的学问，而是塑造灵魂、塑造生命、塑造新人的关键课程。理论与实践结合是新时代"大思政课"的基本要求和推进方向。如何推进大中小学"四史"课堂教学与社会实践一体化的整体规划，是推进中小学思政课一体化建设工程的关键所在。

（1）激发学生学习思政课的浓厚兴趣。参观红色教育基地、访谈典型人物、观看红色影片、游览红色景点、传唱红色歌曲、诵读红色经典、线上互动学习等的社会实践活动使学生成为真实场景的参与者，这种方式通过增强学生的体验感更能引发学生兴趣。

（2）引导学生更加坚定理论自信。不同于实操性强的专业类课程，思政课主要是针对人的思想观念问题，其影响是潜移默化、润物细无声的。因此教师带领各学段学生参加各类社会实践活动，感受新中国成立以来特别是改革开放以来的社会进步和人们思想观念的变化，使学生真切感受到理论对社会发展的推动和促进作用，增强学生对理论的信服度，进而更加坚定对中国特色社会主义的理论自信。

（3）助力实践活动形式化问题的解决。当前，就学校而言，尤其是对高校来说，长期以来形成的重科研轻教学尤其是轻实践教学的传统制约当前思政课实践教学的有效推进；就教师而言，组织实践教学、联络实践基地等需要投入大量的时间精力，既费时又费力，教师因此愿意将时间精力放到投入产出性价比更高的科研项目上，而缺乏开展实践教学的热情，不愿开展"吃力不讨好"的实践教学；就学生而言，实践中，部分学生对思政课教学存在偏见，认为这些课程无益于提升自己的专业能力，对实践课教学更是采取敷衍态度。因此实践中经常出现理论渗透与活动安排结合不紧密的问题。为此，需要深入研究将大中小学思政课课堂教学与社会实践相结合的具体方法和策略，建立社会实践活动的长效机制，进而有效解决实践活动的形式化问题。

（三）"四史"教育要与大中小学思想政治教育相统筹

习近平总书记多次指出，要将"四史"教育，与加强爱国主义、集体主义、社会主义教育，社会主义核心价值观教育，中华优秀传统文化和革命文化、社会主义先进文化教育，国家意识、法治意识、社会责任意识教育，民族团结进步教育、国家安全教育、科学精神教育等相结合。党的十九届五中全会提出要"推动理想信念教育常态化制度化，加强党史、新中国史、改革开放史、社会主义发展史教育"。《教育部等八部门关于加快构建高校思想政治工作体系的意见》明确提出，将"加强党史、新中国史、改革开放史、社会主义发展史教育"融入高校思想政治理论课；《充分发挥思政课在进行以党史教育为重点的"四史"教育中的主渠道作用》指出，要在大中小学思政课中开展以党史教育为重点的"四史"教育，以优异成绩庆祝中国共产党成立 100 周年。要推进"四史"学习教育融入学校思政课堂，坚持正确价值观为主导，落实大中小学一体化建设原则。

1. 思想性与学理性相统一

思政课和课程思政改革的核心是价值观教育。"四史"学习教育进入学校思政课堂，必须坚持围绕习近平新时代中国特色社会主义思想这一党的创新理论，结合"四个伟大"(伟大斗争、伟大工程、伟大事业、伟大梦想)，推动思政课改革创新。"四史"学习教育融入思政教育，通过历史与现实的勾连，可以帮助学生树立信仰。这有助于增强思政课的亲和力、时代性和针对性，有助于思想性、学理性相统一，历史观与"三观"相一致，有助于增强民族认同感与自豪感，有助于增强青少年对中国特色社会主义道路、理论、制度和文化的认识与理解，从而做到知史爱党、知史爱国。

回顾历史可以看到，以中国共产党人为代表的先进分子坚持信仰、秉持初心，为革命事业作出了巨大牺牲。据民政部门和组织部门统计，从 1921 年 7 月中国共产党成立到 1949 年 10 月 1 日建立中华人民共和国，有名可查的党员烈士就有 370 多万人。也就是说，在这 1 万多个日子里，平均每天约有 370 名共产党人牺牲。[①] 这是"四史"学习教育的生动教材，也是思政课教学的最好教材，需要进一步挖掘和宣传。

青少年阶段是人生的"拔节孕穗期"，最需要精心引导和栽培。我们党

---

① 忻平、陶雪松：《让"四史"学习融入思政课堂》，《解放日报》2020 年 8 月 19日。

已经是一个拥有9000多万党员的大党，必须培养一代又一代愿意为社会主义奋斗终身的可用之才。要增强思政课话语解释能力，要以现实生活和学生需求为中心，聚焦学生广泛关注、普遍难解的思想"疙瘩"与理论"扣子"，将抽象性、学术性的理论话语转化为具体性、实践性的生活话语。要善于讲"好故事"和"讲好"故事，将"天上跑的大道理"转化为"接地气的小故事"。要善于创设生活情境和造型符号，用立体化、生动化的日常经验解读思想政治教育的内在价值，激发受教育者的情感共鸣与价值认同。要关注个人体验与突出主体参与，聚焦学生思想特点、思维方式与认知需求，将刻板说教、照本宣科式的主导性话语转化为喜闻乐见、耐人寻味的引导性话语，实现教材体系向教学体系的完善转化。要尊重多元表达、消除话语差异，积极对话学生的个性表达与内在诉求，让马克思主义哲学"说中国话"，为青年学生排"理论之忧"、解"思想之难"。

2. 大中小学一体化联动

教育的根本任务是立德树人。培养德智体美全面发展的社会主义建设者和接班人，是各级、各类学校的共同使命。在大中小学循序渐进、螺旋上升地开设思想政治理论课非常必要，是培养一代又一代社会主义建设者和接班人的重要保障。新形势下，"四史"教育进入学校思政课中要注意创新内容与形式，注意大中小学一体化的联动和区别。

要构建大中小学思政课一体化建设格局。其中，目标、标准和内容的一体化是关键。要坚持整体性，因势而新、因时而进、因地制宜的设计思政课目标体系；要坚持贯通性，构建新时代中国特色的思政课内容体系；要坚持系统性，探索跨学段、跨学科、跨类型的思政课结构体系。育人之本，在于立德铸魂。明确课程建设目标、标准和内容的一体化，推进"四史"学习教育和习近平新时代中国特色社会主义思想进教材、进课堂、进头脑，讲好红色故事，可以有效地帮助学生坚定理想信念、传承红色基因。还必须按照教育规律、教学规律和学生认知规律，根据学生年龄和学段，循序渐进、螺旋上升，注重因地制宜、因材施教。大中小学各阶段学生发展特点不同,接受教育的能力各异。在大中小学思政课一体化建设的同时,要尊重差异,制定适合各个阶段、各个学校、各个年级的"四史"课程。其中,中小学思政教育为大学思政教育提供了基础,中小学思政教育水平的高低,直接影响大学思政教育的效果,必须增强大中小学思政教育的联动。

"四史"教育融入大中小学思政课,还应增添新时代的新元素,探索学生喜闻乐见的新方式。在内容上,要讲活历史故事、用活红色资源,增强思政课教学的吸引力和效应。上海具有丰富的红色文化资源。此前的统计显示,上海拥有657处革命遗址,现存440处。最新统计透露,上海拥有1000多处红色纪念地。上海是我们党的诞生地,党成立后党中央机关长期驻扎上海。我们要把这些丰富的红色资源作为主题教育的生动教材。这是上海进行"四史"学习教育并将其融入思政课堂得天独厚的条件。在大中小学一体化建设中,要以现场教学、体验式教学、融媒体教学等不同形式,讲活历史故事、用活红色资源,化抽象理论为具体实践,化被动学习为主动学习,真正让初心薪火相传,把使命永担在肩。

3. 筑牢思政课教师信仰之基

办好思政课,关键在教师,前提在信仰。坚定的马克思主义信仰,是思政课教师必备的第一素质。那么如何"做有信仰的思政课教师"?可以说,研究好坚定理想信念的"终身课题",不断筑牢思政课教师的信仰之基,是办好思政课必须高度重视并着力解决的首要任务。

(1)教育者应先受教育。"传道者自己首先要明道、信道"。面对日新月异的形势变化,学生的眼界、需求和知识储备都有所提升。因此既要坚持大中小学一体化建设原则,又要适应不同学生主体的现状和需求;既要发挥思政课教师在"四史"学习教育中的主导作用,又要提升各门课程教师守土有责、围绕主题的能力。为此,教育者必须先受教育,"四史"学习教育是所有思政课教师的必修课。思政课教师首先要加强理论学习,树立终身学习的意识。只有不断学习,循序渐进,深入思考、学习,在课堂上才能讲得有底气、引导学生去真学，真正肩负起学生健康成长成才指导者和引路人的责任。

（2）建立师资保障机制。"四史"学习教育进入学校思政课，不仅是思政课教师的责任，也是学校书记、校长的责任，是所有教师的责任。要建立领导带头、学校重视、专职为主、专兼结合的师资机制。要挖掘本地丰富的红色文化资源，形成红色文化研究的高地，培育"四史"研究专家学者，从而为开展相关工作提供有力支撑。

（3）坚持开放、包容和创新的原则。要建设一个以"四史"学习教育融入学校思政课为主题，以大中小学一体化师资、培训和联动为主要内容的平台。例如，建立特聘教师（教授）制度，深入开展"大手拉小手"协作，统筹课内课外，强化实践育人；通过组织示范马院与非示范马院结对、公办民办互帮互助，整体提升马院发展水平；通过高校马院与区教育局结对共建，推进两支队伍联动。

二、以"四史"教育为纵轴统筹推进大中小学思政课一体化建设

马克思主义认为，无产阶级的未来是人类的未来，完全取决于新一代工人的成长。列宁引用恩格斯的话指出，"我们是革新者的党，而总是青年更乐于跟着革新者走。我们是跟腐朽的旧事物进行忘我斗争的党，而总是青年首先投身到忘我斗争中去"①。近代以来，尤其是五四运动以来，无数中国青年为了民族独立与国家富强义无反顾、前赴后继。我们党历来高度重视青年，把青年群体看作是革命的先锋队、国家建设的生力军。中国特色社会主义新时代，是青年人大有可为、大有作为的时代，更是青年人主动作为、担当使命的时代。党的十八大以来，以习近平同志为核心的党中央关怀青年成长成才，从历史定位上强调"全党要把青年工作作为战略

---

① 《列宁全集》第14卷，人民出版社2017年版，第161页。

性工作来抓"①，从历史视野上强调"中国共产党立志于中华民族千秋伟业，必须始终代表广大青年、赢得广大青年、依靠广大青年"②，从历史责任上强调"无论过去、现在还是未来，中国青年始终是实现中华民族伟大复兴的先锋力量"③。"四史"教育具有政治性、目的性、时代性、实践性、系统性等特点，不仅仅是历史人物和历史事件的知识汇总，蕴含深刻的大历史观，而且内含着深刻的价值关怀与信仰启蒙，需要在遵循教育教学规律、学生认知规律和学生成才规律的基础上整合教育资源，分学段推动大中小学思政课一体化建设。这就要注意课程内容的选择，不同学段课程难度应呈现阶梯状，次序推进、层层深入。不同层次的"四史"内容也为不同学段的思政课提供了契合其阶段性特点的课程资源。

(一) 用"四史"情感滋养大中小学思政课的精神根基

历史是最好的教科书和清醒剂，了解历史、尊重历史才能更好把握当下，以史为鉴、与时俱进才能更好走向未来。"四史"是我们党和国家的宝贵精神财富，蕴含着丰富的育人资源。将"四史"教育有机融入大中小学思想政治教育，是推动习近平新时代中国特色社会主义思想进教材、进课堂、进学生头脑的重要举措，是落实立德树人根本任务的重要途径，是培养社会主义合格建设者和接班人的必然要求。踏上全面建设社会主义现代化国家新征程，更需从"四史"中汲取经验、弘扬精神，扎实推进复兴伟业。

1. 增强历史主动

"历史主动精神"是党的十九届六中全会总结党的百年特别是党的十八

---

① 习近平：《高举中国特色社会主义伟大旗帜 为全面建设社会主义现代化国家而奋斗——在中国共产党第二十次全国代表大会上的报告》，人民出版社 2022 年版，第 71 页。

② 习近平：《在纪念五四运动 100 周年大会上的讲话》，《人民日报》2019 年 05 月 01 日。

③ 习近平：《在纪念五四运动 100 周年大会上的讲话》，《人民日报》2019 年 05 月 01 日。

以来重大成就和历史经验作出的一个重大论断。党的二十大报告进一步强调:"坚定历史自信,增强历史主动,谱写新时代中国特色社会主义更加绚丽的华章。"①历史主动精神,是指作为历史主体的人充分发挥主观能动性,在深刻把握历史规律的基础上立足所处历史方位、顺应历史发展大势,自觉定位历史责任、主动担当历史使命,掌握历史主动、勇于开辟未来的精神品质。历史主动精神是中国共产党人团结带领全国各族人民取得历史性成就、书写中国发展壮丽篇章的重要法宝,更是科学认识中国共产党精神品质的锁钥。

青年是整个社会力量中最积极、最有生气的力量。历史主动精神是融入青年血脉的优秀文化基因。历史主动精神所蕴含的中华优秀传统文化,为青年责任担当意识的生成与巩固提供了优秀文化基因。历史主动精神是引领青年勇当开路先锋的强大动力,是激励青年堪当民族复兴重任的精神支撑。面对经济全球化不断加深、世界一体化进程加快、多元化社会思潮和意识形态领域斗争等形势,当代青年应该"在困难面前迎难而上,不推诿、不逃避;在风险面前积极应对,不畏缩、不躲闪"。历史主动精神为新时代青年提供了价值遵循,内在要求时代新人肩负起应对各种风险挑战的历史使命和责任担当。

史者,所以明夫治天下之道也。党的十八大以来,习近平总书记高度重视学习和总结历史、借鉴和运用历史经验,指出"我们对时间的理解,是以百年、千年为计",强调"对历史进程的认识越全面,对历史规律的把握越深刻,党的历史智慧越丰富,对前途的掌握就越主动",要"善于通过历史看现实、透过现象看本质"。在大中小学循序渐进地进行"四史"教育,有助于广大青年学生在体会历史情境、把握历史脉络中引领青年学生做红色江山的坚定守护者、社会主义事业的可靠接班人、共产主义信仰的坚定

---

① 习近平:《高举中国特色社会主义伟大旗帜 为全面建设社会主义现代化国家而奋斗——在中国共产党第二十次全国代表大会上的报告》,人民出版社 2022 年版,第 1-2 页。

拥护者，赓续中国共产党人精神血脉，始终保持革命者的大无畏奋斗精神，鼓起迈进新征程、奋进新时代的精气神。中国共产党100多年的奋斗历程，中华人民共和国70多年的伟大历程，改革开放40多年的奋进历程，既是感天动地的奋斗史诗，也是气壮山河的精神赞歌。回溯历史，我们可以清楚地看到，从革命时期的红船精神、井冈山精神、长征精神、遵义会议精神、延安精神、西柏坡精神、红岩精神，到新中国成立后的抗美援朝精神、"两弹一星"精神，再到改革开放以来的特区精神、抗洪精神、抗震救灾精神、抗疫精神、脱贫攻坚精神，这些精神是中华民族伟大精神的重要组成部分，是中国人民弥足珍贵的精神财富。党的历史发展中蕴藏的思想智慧和精神力量，是激励新时代中华儿女砥砺奋进的重要动力。开展"四史"学习教育，能够让广大青年学生深刻认识红色政权来之不易，新中国来之不易，中国特色社会主义来之不易，以更加主动的责任担当作为人生目标引领，克服浮躁心态，保持历史定力，以党和人民赋予的历史使命激励自己，以坚定的历史自信牢牢把握历史主动，在党的领导下同全国人民一道奋力谱写敢于斗争、勇于奋斗、敢做善成的崭新篇章。

2. 鼓舞复兴斗志

只有创造过辉煌的民族，才懂得复兴的意义；只有历经苦难的民族，才对复兴有深切的渴望。中国是一个有着5000多年文明历史的东方大国，古代中国一度是世界文明的中心。鸦片战争后，中国逐步沦为半殖民地半封建社会。中国社会各阶级、各阶层和各种政治力量相继登上历史舞台，探索挽救中国于危亡的道路，但都以失败告终。艰难探索中，为中国人民谋幸福、为中华民族谋复兴的历史使命责无旁贷落在中国共产党肩上。百年来，我们党带领全国人民不懈奋斗，中华民族迎来了从站起来、富起来到强起来的伟大飞跃。

马克思曾指出："人们自己创造自己的历史，但是他们并不是随心所欲地创造,并不是在他们自己选定的条件下创造,而是在直接碰到的、既定的、从过去承继下来的条件下创造的。"①习近平总书记强调:"历史就是历史,历史不能任意选择,一个民族的历史是一个民族安身立命的基础。"②实践表明,一个民族对历史的认识决定着未来的发展,只有正确认识历史,才能开创未来。毛泽东曾指出,如果要看前途,一定要看历史。解放战争时期,面对国民党发动内战,中国共产党带领解放区军民发起自卫战争,并不断取得胜利,其主要原因是中国共产党对国民党的过去和现在看得很清楚,是打有准备之战。由历史看前途,从历史中总结规律,是中国共产党人在历史实践中形成的历史观与方法论。中国共产党展现出蓬勃生机和旺盛活力,不断用事实与成绩回答中国共产党为什么"能"、马克思主义为什么"行"、中国特色社会主义为什么"好"。

历史是最好的教科书。通过学习"四史",学生自然而然地产生出对中国共产党、社会主义制度的认同感、亲近感、自豪感,从中找到信仰与意志、精神与力量、目标与方向、勇气与定力,勇做走在时代前列的奋进者、开拓者、奉献者,树立高远志向、历练奋斗精神,把苦难辉煌的过去、日新月异的现在、光明宏大的未来贯通起来,激荡起为实现中华民族伟大复兴而奋斗的巨大信心和强劲斗志,在担当时代责任中充分展现与实现自身价值。

3. 感悟大国担当

近代以来,欧美一些国家奉行殖民扩张、强权政治、霸权对抗的对外交往行径,追求天下为私的世界,决定了它们走不出"修昔底德陷阱"式冲突对抗的历史宿命。因此伴随中国综合国力不断增长、参与国际事务不断增多,"国强必霸论""中国威胁论"等论调此起彼伏。面对各种猜忌甚至诬陷,习近平总书记明确指出:"中华民族的血液中没有侵略他人、称霸世

---

① 《马克思恩格斯选集》第 1 卷,人民出版社 2012 年版,第 669 页。

② 习近平:《在纪念毛泽东同志诞辰 120 周年座谈会上的讲话》,《人民日报》2013 年 12 月 27 日。

界的基因，中国人民不接受'国强必霸'的逻辑。"越是经受战乱，越是渴望和平发展。"只有坚持走和平发展道路，只有同世界各国一道维护世界和平，中国才能实现自己的目标，才能为世界作出更大贡献。"①

当前，百年变局和世纪疫情交织叠加，世界进入动荡变革期，治理赤字、信任赤字、发展赤字、和平赤字有增无减，实现普遍安全、促进共同发展任重道远。同时，世界多极化趋势没有根本改变，经济全球化展现出新的韧性，维护多边主义、加强沟通协作的呼声更加强烈。中国是一个与欧美列强迥然不同的大国，坚持大道理想和天下情怀，追求大道之行、天下为公的世界。在中国共产党的领导下，中国坚持从人类发展大潮流、世界变化大格局、中国发展大历史正确认识和处理自身同外部世界的关系，始终做世界和平的建设者、全球发展的贡献者、国际秩序的维护者，以大国责任和担当为国际社会提供重要公共产品，与世界各国携手共建新型国际关系和人类命运共同体。

通过在大中小学循序渐进地开展"四史"教育，可以让学生形成正确的历史观，正确认识当今世界的发展与变化、认识中国发展大势和解决中国发展问题；可以让学生深刻认识到，实现中国梦必须维护和平的国际环境，中国人民从自身经历中形成了走和平发展道路的自觉选择，也真诚希望世界各国都走和平发展道路。中国将始终不渝坚持走和平发展道路，继续发挥负责任大国作用，与世界各国人民一道共同建设持久和平、普遍安全、共同繁荣、开放包容、清洁美丽的世界，扎实推进中华民族伟大复兴战略全局，同时引领世界大局朝着有利于中华民族伟大复兴的方向演进。

4. 接续艰苦奋斗

"四史"记录党和人民拼搏奋斗的身影。一百年来，在应对各种困难挑战中，我们党锤炼了不畏强敌、不惧风险、敢于斗争、勇于胜利的风骨和

---

① 《习近平谈治国理政》第1卷，外文出版社2018年版，第266页。

品质。中华民族的伟大复兴绝不是一朝一夕、轻轻松松就能实现的，必须继承和发扬老一辈革命家的革命精神，一以贯之地进行艰苦卓绝的斗争。奋斗是艰辛的，没有艰辛就不是真正的奋斗；奋斗是长期的，伟大事业需要几代人、十几代人、几十代人持续奋斗。

学习"四史"、缅怀先烈，就是要赓续共产党人精神血脉，鼓起迈进新征程、奋进新时代的精气神。中华民族伟大复兴曙光在前、前途光明。这是一个千帆竞发、百舸争流的时代，中华民族在实现伟大复兴的征程上会遇到更多的艰难险阻，我们要保持战略定力，抓住机遇，奋勇前进。要永远保持建党时中国共产党人勇于斗争、甘于奉献的意志品质，以永不懈怠的精神状态和一往无前的奋斗姿态，在接力奋斗中实现中国梦，向历史和人民交出新时代更为满意的新答卷。

可见，充盈在"四史"中的历史情感、民族精神是构筑大中小学思政课一体化建设信仰之墙的资源宝库。因此在大中小学思政课的各个阶段，都要善于激发这种历史情感，要通过讲述历史故事、分析历史事件、评价历史人物评价、探究历史规律、把握历史主流等各种方式，输出稳定的情感态度价值观，使历史情感在学生的成长过程中不断绵延，用"四史"教育滋养大中小学思政课的情感根基。

(二)打通"四史"逻辑关联，推动大中小学思政课一体化学段衔接

"四史"的教材内容要适合各学段学生，要牢牢把握"螺旋式上升"这一要义，打通"四史"的逻辑关联，使其既体现系统性又彰显层次性。小学阶段强调故事性与情感性，注重革命道德情感的启蒙，使学生有兴趣了解"四史"中的重要事件和人物；初中阶段在注重故事性的同时，兼少许浅层理论分析，树牢爱党、爱国、爱社会主义的思想基础；高中阶段史论结合，加强对历史事件、人物的分析，提升对中国共产党和社会主义基本制度的政治认同；大学阶段以论为主，史实为观点服务，注重提升学生"四个自信"，增强实现中华民族伟大复兴的使命担当，进而将"四史"教育有针对性地贯穿于落实立德树人任务的全过程。

1. 挖掘"四史"故事资源，推动小学阶段信仰启蒙

小学生的身心尚处于成长成才的初期阶段。身体上，正处在成长发育阶段，缺乏自我保护能力，因此处于弱势地位；心理上，认识能力、辨别能力、意志力、自主性等还处于较低的水平，但有较强好奇心、乐于探索，处于思想启蒙阶段。相较于"拔节孕穗期"的青少年阶段，小学生所处的阶段属于"播种育苗期"，是接受国家正规教育的初始阶段。小学思政教育在落实立德树人根本任务、铸魂育人中发挥不可替代的基础作用。小学思政教育是引导小学生扣好人生第一粒扣子的关键课程，思政教育如果没有经历循序渐进、科学有效的播种育苗期，就不能在拔节孕穗期苗壮成长，也就难以成为社会主义合格建设者和可靠接班人。

小学思政教育呈现出以下特点：一是教育内容通俗易懂、形象生动，符合儿童认知水平；二是教育重点侧重养成教育，符合儿童发展需要；三是教育方法以具身感受优先，如环境熏陶法和榜样激励法，符合儿童认知方式；四是教育环境以内圈生活为主，强调学校和家庭协同教育，等等。总之，小学阶段的思政课要特别注重加强学生道德情感和信仰上的启蒙，以故事和想象力启迪的方式，引导学生形成爱党、爱国、爱社会主义的情感。

"四史"中蕴藏着真实感人、生动丰富的历史故事，其极具震撼力的故事情节和高尚的人物品质，能激发学生情感上的共鸣，在学生心中播下真善美的种子，是小学阶段思政课鲜活的素材。小学思政课程主要是"道德与法治"，此外还有各校依据自身实际开设的校本课程、兴趣班等思政类选修课程。其中，"道德与法治"的内容大多涉及人际交往与自我认知，部编版五、六年级教材的内容开始以国家、民族、文化为主，其中就有对学生政治立场和价值观的引领和塑造。由于这个阶段学生的认知能力、辨别能力有限，倾向于通过机械地记忆来掌握知识，缺少情感体验。此时可以"四史"教育为切入点，深入挖掘"四史"中丰富的故事资源，将其中的重要人物与重大事件以通俗易懂、生动形象的故事形式写进教材，让思政课具

有丰富性、趣味性与吸引力，让小学生听得懂、愿意听，这样就能潜移默化、自然而然地对学生进行政治立场和价值观的引导，推动小学阶段学生的信仰启蒙。

2. 真实呈现"四史"重要事件，增强中学阶段政治认同

作为贯通大学与小学的桥梁和纽带，中学阶段是人生走向相对成熟但尚未成熟的重要过渡时期，是人生发展的关键时期，其认知能力、学习能力、思想品质都处于提升的关键时期。青少年阶段处于"拔节孕穗期"，"扣好人生第一粒扣子"至关重要。通过思政课，可以帮助他们树立正确价值观、为人生发展把好方向，增强政治认同、为民族自信增添力量，进而为人生成长奠定坚实的基础。其中，初中阶段重在体验性学习，学生通过体验内化为习惯，高中阶段是打牢常识性知识基础的学习阶段，高中的思政课要在提升政治素养上下功夫，通过理论与实践的相互印证，引导学生自觉拥护中国共产党的领导和中国特色社会主义制度。

"四史"客观地记录下每一个历史事件、历史故事。当学生掌握真实的历史过程，就能看到历史的必然性，自然而然地形成对中国共产党、对社会主义的政治认同。对客观"四史"事件的掌握是学生政治素养和政治认同形成的坚实基础。与小学阶段相比，中学阶段的学生认知水平、思维能力都有了一定程度的提高，尤其是在高中阶段，学生具备了一定的独立思考、自主学习能力，不再简单地用"好"或"坏"来看待历史事件和历史人物，而是能客观、理性地审视历史进程。因此，中学阶段的思政课应注重真实呈现"四史"重要事件，使学生通过比较，形成对历史事件的正确价值判断，从而增强中学阶段学生的政治认同。①

3. 引导探究"四史"经验启示，激发大学阶段使命担当

大学阶段是学生自主理论性学习与探究的阶段，要注重夯实理论基

---

① 杨增崇，王博：《一体化背景下"四史"教育进课堂》，《思想政治课教学》2020年第10期。

础、拓宽理论视野，不断增强大学生的使命担当，引导大学生听党话跟党走，引导学生将个人事业与国家事业、民族事业紧密交织，在回答时代之问中交出完美的青春答卷。大学生有了较为独立思考能力和丰富的生活经验，对现实中的问题会产生困惑，能洞察到理论与实践的张力。现实中的理论问题和实践问题都是历史的产物，因此大学思政课要真正解决学生思想上的困惑与怀疑，必须深入到"四史"中去。只有通过对历史发展脉络的把握，对事实深入、具体地纵横比较，经过总结、概括、提升，才能在理论上真正讲清楚"马克思主义为什么行""中国共产党为什么能""中国特色社会主义为什么好"，才能培养学生在古往今来的连续性与统一体中看待历史、观照现实。因此，大学阶段的思政课要重视引导学生在理论高度上对"四史"经验启示的探究，让学生对理论真懂真信真用，并在与时代共奔流中将个人命运与祖国命运、民族命运紧密相连。

必须明确，将"四史"教育融入大中小思政课一体化建设中，不能用历史性、学理性弱化政治性，在大中小学的各个学段的"四史"教育中，无论是讲故事、讲历史还是讲理论，都要发挥出"四史"的政治教育功能，都要体现出思政课的政治引导功能。

三、以"四史"教育为横轴整合大中小学思政课一体化建设

大中小学思政课一体化建设不仅包括思政课本身各学段间的纵向统筹，也包括思想政治理论课与其他课程的横向整合，即"要坚持显性教育和隐性教育相统一，挖掘其他课程和教学方式中蕴含的思想政治教育资源，实现全员全程全方位育人"①；要"完善课程体系，解决好各类课程与思政课相互配合的问题"②，发挥所有课程育人功能，构建全面覆盖、类型

---

① 《习近平谈治国理政》第3卷，外文出版社2020年版，第331页。
② 《习近平谈治国理政》第3卷，外文出版社2020年版，第332页。

丰富、层次递进、相互支撑的课程体系。"四史"教育融入大中小学思政课一体化建设，也要注意横向整合，促进各类课程与思政课同向同行，形成协同效应。前已指出，目前课程思政与思政课程协同育人理念领悟不足、协同机制融合不够、监督评价机制缺失等问题。实践中，"四史"教育需横向整合大中小学思想政治理论课一体化建设，要从全面贯彻党的教育方针、建设高质量教育体系等方面高位谋划、高点推进，统筹课程思政与思政课程，打通专业教育与思政教育紧密融合的"最后一公里"，不断催化二者同向同行、协同育人的合力。

（一）深化课程思政与思政课程协同育人效应

1. 坚持课程思政覆盖，拓展思政课程育人渠道

辩证唯物主义历史观认为，社会存在决定社会意识，人的思想观念受外在环境影响。思政课程是开展马克思主义理论教育、培养社会主义建设者和接班人的专门性、专业性课程。但供给侧的专门性、专业性并不指向唯一性。当知识爆炸、多元思想交锋时，思政课程的目标实现客观上需要一种融通各类资源的合目的性、合规律性的育人机制。专业课程以课程思政为覆盖，遵循思想政治教育发展规律、教育教学规律和学生学习成长规律，在提供思政供给过程中可以实现两者的协同育人效应。课程思政让思政渠道实现从"单课程"向"全课程"的转变，覆盖高校各类通识教育课程、专业课程、实践课程等，有效拓宽思政课育人平台。抓住建党百年重大契机，就要深入挖掘百年党史中蕴含的课程思政元素，积极探索结合专业学党史、结合党史讲专业。譬如，以课程思政理念为引领，通识教育课程回归到培养具备核心共同知识、"健全"的人的育人初心，积极探寻道德、思想价值和知识传授体系之间的内在联系，实现通识教育知识传授与思政课程价值引领相融合，协同发展智育和德育，成为探索大学生知识、人格、精神共同发展的有效途径。

在各类专业课程中，不同学科蕴含的科学精神、人文素养成为思政课

程不可或缺的重要元素和内容。专业课教师不仅传授业务知识，更要努力传播先进思想理论，争做教书育人的"大先生"，实现专业育人与思政育人一体化。而在实践课程中，多元化的课内课外实践课程能够创设社会情境，唤醒理论思维与感性体验的内在张力，让学生在理性与感性的不断碰撞中真切体验、感受建党百年来筚路蓝缕、披荆斩棘的奋进历程和辉煌成就，不断增强对党的领导和中国特色社会主义的政治认同、思想认同、理论认同、情感认同。同时，课程思政实现了科研育人、管理育人、服务育人、文化育人、组织育人。譬如，通过理论宣讲、志愿服务、政策解读、劳动教育等，引导学生在服务社会中提升素质和能力；通过创设网络化思政课堂、思政微课、思政视频等，突破传统思政教育时空限制，叠加传播效能；利用微信公众号、朋友圈、短视频等网络传播圈层，探索思政教育"微阵地"，推进虚拟课堂与现实课堂有效衔接，打造网络思政课堂，提升思政课程的时代感和吸引力。

2. 坚持思政课程引领，明确课程思政价值导向

高校的建设和发展必须深入思考和明确回答培养什么样的人、如何培养人以及为谁培养人的根本问题。推进思政课程与课程思政实现有机结合，也需要回答这一根本问题，明确思政课程与课程思政的目标追求和功能定位。思政课程与课程思政二者结合的关键点是思政，即思想政治教育，通过课程形式和课堂渠道，挖掘思政课程以外其他课程和教学方式中蕴含的思想政治教育资源，实现思想和价值的引领。思政课程教育教学的主要功能是传播马克思主义理论和我们党的创新理论，特别是用习近平新时代中国特色社会主义思想铸魂育人，教育引导学生掌握科学理论知识，坚定理想信念，坚定"四个自信"，树立正确的世界观、人生观和价值观，不断引领专业课程的知识传授、能力培养、素养训练、思维锻炼和人格培育；课程思政的主要功能是通过系统专业的知识体系和实际技能的教育教学，注重专业课在培养学生世界观、人生观和价值观中的特殊作用，在专业课程知识传授中展现思政意蕴，培养学生成长成才，把爱国情、强国

志、报国行自觉融入坚持和发展中国特色社会主义事业、建设社会主义现代化强国、实现中华民族伟大复兴的奋斗之中，推进课程思政中的专业传授与德育引导的有机统一。

思政课程与课程思政的有机结合，就是这两方面功能的相互配合相互支撑，做到既立德又树人、既育人又育才，实现立德与树人、育人与育才的有机结合、辩证统一。新的历史方位下，思政课程要能够有效引领课程思政的政治方向，能以培养担当民族复兴大任的时代新人为根本目标，不断引领专业课程的知识传授、能力培养、素养训练、思维锻炼和人格培育。同时，思政课程蕴含中国特色社会主义现代化建设的思想基因和现实关切，为学生构架新时代的价值坐标，引导学生树立正确的世界观、人生观和价值观。思政课程要从思想层面积极引领课程思政，注重课程思政在培养学生世界观、人生观和价值观中的特殊作用，明确所有课程的首要目标是培养德智体美劳全面发展的社会主义建设者和接班人，并能够将这一培养时代新人的价值追求不断与专业课程传授体系相融合，在专业课程知识传授中展现思政意蕴，推进课程思政中的专业传授与德育引导的有机统一。

3. 坚持"协同融合"育人，推进两类课程互构互通

在"培养什么人、怎样培养人、为谁培养人"的问题上，思政课程和课程思政具有价值指向上的一致性，但这种一致性并不排斥在具体教育内容、方法、载体等方面的差异性和多元性，甚至从某种程度上说，正是这种差异性和多元性为思政课程与课程思政互构互通、形成协同融合效应提供了新方向和新尝试。因此，既要明确思政课程和课程思政两类课程各自的育人任务、职责和主攻方向，在推进思政课程同质化发展过程中，推进课程思政差异化发展，又要尊重差异、靶向驱动，看到各门专业课程之间的独立性、开放性和互通性。

一方面，尊重各门学科及其课程之间特有的独立性和差异性。无论是思政课，还是各类通识课、综合素质课或者专业课，它们有着不同的学科

门类，分属于不同的学科专业，面向不同专业的学生，具有自身学科特点的专业性、理论性，同时也会囿于不同学科实践要求表现出一定的实践差异性。推进课程思政与思政课程协同育人，正是要尊重而非消除课程边界和特色。思政课程改革强调启发性、亲和力，但不能丧失理论权威，而对于专业课程，则要在尊重其不同学科的专业差异性基础上，不断开发其内蕴的思政资源，发挥不同学科的启发、浸润、引导等潜隐性功能。

另一方面，要推进各门学科及其课程间的开放互通。课程思政与思政课程均立足于立德树人育人目标之上，应发挥各自优势功能，相互配合，实现各门课程间的开放与互通。思政课程坚持马克思主义立场观点方法，坚持中国特色社会主义发展要求，坚持正确政治方向和思想引领，能够对各类课程提供价值导向和理论指导。专业课程应基于自身专业特点和课程特色，挖掘不同的思想政治教育资源和素材，涵育学生的科学精神、人文素养、价值伦理追求。因此，推进课程思政与思政课程多元化、多层次联合协同与创新融合，需要厘清各专业课程的特性与共性，做好功能定位，分门别类予以推进。要对不同学校的特色学科、主干学科进行深入分析，对学校的核心课程、主干课程、枝干课程进行有机统筹，从不同层面划分主次、把握专长，并反映在教育教学体系、制度保障体系、组织管理体系、评价监督体系中，不断推进专业课程与思政课程之间的协调、开放、共享，最大限度催化两者的协同育人效应。

（二）以"四史"教育为纽带有效整合思政课与其他课程中的思政元素

大中小学各学段中，各类课程中都会有关于"四史"的知识，尤其是语文、历史、政治等主要担负立德树人任务的课程，都有大量"四史"相关内容。比如在小学语文课本中就凸显了"四史"教育的重要作用。其中与"四史"有关的首篇课文就是《吃水不忘挖井人》，讲述毛主席在瑞金为当地老百姓挖水井的故事。翻看小学"道德与法治"和"语文"课本就会发现，很多"四史"中的重要人物，如毛泽东、朱德、周恩来、邓小平等，都率先出现在语文课本中。初中和高中阶段，历史课对"四史"内容涉及较多。可见，"四史"是贯穿大中小学思政课和其他课程的重要内容，为思政课与其他课程横向整合奠定良好基础。①

但由于各类课程的自身特色，其关于"四史"内容的侧重点、描述角度也会有所不同，较易出现"各自为政"的现象，削弱了思政课与其他各类课程的协同作用，很难形成育人合力。在整个教学体系中，思政课的"四史"内容侧重政治引导与价值引导，要能有效引领课程思政的政治方向，能以培养担当民族复兴大任的时代新人为根本目标，不断引领专业课程的知识传授、能力培养、素养训练、思维锻炼和人格培育。因此，在各类课程教材的编写中，有关"四史"内容要统一编写、全盘考虑，在教育实践中要凸显出历史逻辑，也要在这种连贯的历史逻辑下，整合各类课程中的思政元素；同时在思政课教材教学体系中要利用好历史逻辑，增强各学段之间的连贯性、整体性、系统性。这样，以"四史"逻辑为线索、以"四史"教育为纽带，既能合理安排各课程"四史"教育的具体任务与内容，避免相互重复与冲突，也有助于打破课程壁垒，兼顾到不同课程间"四史"教学的衔接、互补与融合。这就需要由大中小学思想政治理论课一体化建设指导委员会根据不同课程特点，合理安排各课程"四史"教育具体任务与内容，分工明确，避免相互重复与冲突。

在思政课与其他课程的横向整合实践中，教师是关键，对教师综合素质提出较高要求。教师要具备知识视野、历史视野和国际视野。这就需要加强教师培训，组织大中小学思政课教师集体备课、开展交流研讨、共同探讨思政课一体化教学规律。这样教师在"四史"教学中，就不会只关注本学段的"一亩三分地"，而且有助于扩大知识面与眼界，能根据本课程特点，有意识地结合其他课程中的"四史"内容，培养起以"四史"为联结纽带、跨课程的融合意识，并逐步扩展到"四史"之外的其他教学内容中，最

---

① 宋学勤、罗丁紫：《论"四史"教育融入大中小学思想政治理论课一体化建设》，《思想教育研究》2021年第3期。

终实现显性教育和隐性教育相统一，使思政课与其他课程中的各种思政元素得到充分利用。

(三) 以"四史"细节为核心有效补充思政课与其他课程中的思政资源

历史细节往往最能打动人心。除了教材上历史的整体叙述以外，"四史"中历史细节的作用也不可忽视。当前大中小学思课"四史"内容中所蕴含的思政资源，并没有得到充分挖掘。一是存在简单化倾向。比如，高中历史教材中，有关朝鲜战争的篇幅很短，仅简要介绍了战争的前因后果。事实上，除了课本上提到的上甘岭战役，这场战争中的很多历史细节都能够更生动地展现中国人民志愿军英勇无畏的英雄气概，但教材中体现的不多。二是存在知识化倾向。为保证体系完整、突出重要内容，教材在介绍重要人物和事件时，大多知识点多、概括性强，而具体生动的细节较少。而思政课教学不是简单地让学生死记硬背知识点，而更应注重对学生价值观的引导。知识是载体，价值是目的，要寓价值观引导于知识传授之中。富有感染力的细节往往胜过填鸭式的满堂灌。因此需结合思政课，增加与"四史"重大事件和历史人物有关的生动细节，以激发学生学习兴趣，加深对思政课及其他课程相关知识点的认识与理解，让"四史"从"死知识"变为"活知识"，从知识传授升华为价值引导，真正做到入脑入心。

1. 大中小学思政课程的"四史"细节补充

当前思政课程中的"四史"内容较为概括。比如，在讲述新中国成立时，书中仅简单说明了开国大典的过程，总结了新中国成立的意义，这里可以适当补充开国大典前夕相关准备工作的开展，如五星红旗旗杆设计者林治远的故事等，着眼于细节来凸显人们源自内心的对新中国的热爱，自然而然生起民族自豪感与使命感；比如，在讲述抗美援朝时，书中往往着重于抗美援朝的原因及其意义，这里可以适当补充提出抗美援朝是毛泽东同志深思熟虑的结果，从收到消息辗转反侧，到提出"三把尖刀"理论，再到"抗美援朝，保家卫国"。这样就使学生能更深入理解抗美援朝的历史，也能更深刻地体会到，虽然政权尚未巩固，但为了中国的发展义无反顾决定抗美援朝，能更深刻理解中国共产党没有自己的特殊利益，其初心和使命就是就是为民族谋复兴、为人民谋幸福。

2. 其他课程中"四史"内容的细节补充

在大中小学的语文、历史等各门课程中都有关于"四史"的内容，可将其中具体丰富的历史细节整合、融入思政课程中。这样从个体出发来透视历史进程，可以拉近历史与学生的距离感和生疏感，并根据历史人物和历史事件补充"四史"教育内容，提升说服力和感染力，进一步激发学生的学习兴趣。

比如，在中小学语文课本中就有很多涉及历史人物、历史事件的细节阐述，土地革命时期有"吃水不忘挖井人""朱德的扁担"；长征时期有"丰碑""金色的鱼钩""老界山"，抗日战争时期有"小英雄雨来""难忘的一课""木笛""狼牙山五壮士""百合花"；新中国成立以后有"邓稼先"，改革开放时期有"喜看稻菽千层浪""一着惊天海"等。① 这些生动、具体的历史故事和人物让"四史"更加真实、立体，触人心弦，让学生从历史细节的出发把握历史的整体脉络和轮廓。这就需要我们要善于发现、运用各学科中的历史细节，并与思政课中的"四史"相互补充、相互支持，充分发掘、运用"四史"中的思政元素，增加思政课的感染力和可信度。

"四史"教育融入大中小学思政课一体化建设，是一个彼此相辅相成、相互成就的过程。"四史"中的历史内容、历史情感、历史逻辑、历史细节有助于推进大中小学思政课各个方面一体化的建设，是大中小学思政课一体化建设的重要突破口与着力点。大中小学思政课一体化建设中贯穿的"四史"教育，使学生在循序渐进的学习过程中，能看到历史曲折前进的发

---

① 杨增崟、王博：《一体化背景下"四史"教育进课堂》，《思想政治课教学》2020年第10期。

展方向，引领学生站在改革开放 40 多年、新中国成立 70 多年、中国共产党 100 多年、社会主义发展 500 多年的历史进程中，深刻理解中国特色社会主义制度的独特性于优越性，深刻认识到中国共产党矢志不渝的初心与使命，在对国家民族整体发展进程中的历史感悟与体验中，形成自己稳定的价值评价，在内心深处油然而生一种对党、对国家、对民族、对社会主义的认同感与自豪感，形成信仰的力量，获得强大的精神动力，自觉自愿地承担起作为新时代青年人的历史使命。因此，如何更好地在大中小学思政课一体化建设背景下使"四史"教育走进课堂、融入课堂、提升课堂，应是未来思政课程改革的重要方向。

总之，通过补充"四史"细节为核心、把教材从薄读到厚，可以极大地丰富思政资源，各类课程与思政课程也能更好地相互补充、相互支撑，进而有效实现大中小学思政课一体化建设的横向整合。

第五章 "四史"教育融入大中小学思政课一体化的实践进路

近年来，大中小学"四史"教育一体化建设在教材体系、队伍建设、保障机制等方面都取得了显著成效，但也面临着一些亟待解决的问题，表现为课程目标设置的整体性和明确性尚需加强、教材编写机构的合力有待形成、教材内容需要进一步完善、教学方法创新与衔接性有待加强、教学评价方式亟待完善等。这就需要从建构课程目标体系、健全组织管理机构、统筹规划教材内容、创优教学方法、畅通教师交流渠道以及完善评价体系等方面下功夫，进而为"四史"教育一体化建设提供不竭的力量源泉。

一、明确"四史"教育课程目标，实现培养目标一体化

课程目标体系是新时代大中小学思政课一体化建设的重要发展导向。课程目标体现课程的宗旨，其设置的合理与否直接关系着课程育人的实效。思政课是落实立德树人目标的关键课程，厘清思政课课程目标是思政课一体化建设顺利推进的逻辑前提。思政课课程目标体系要实现纵向课程目标的衔接、横向课程目标的贯通，要建构起由"学科分目标、学段性目标、课程总目标"①组成的大中小学思政课一体化课程目标体系，体现整体性、阶段性和层次性；要打破各学段课程目标或割裂或叠加的状态，进行

----

① 杨威，管金潞：《论大中小学思想政治理论课一体化的课程目标体系》，《思想理论教育》2021年第9期。

一体设计、一体衔接、一体贯通。

"四史"教育让青少年学什么、能学到什么、学得怎么样,与教育培养体系密切相关。加强学校"四史"教育,重在准确把握"四史"教育在国民教育诸学段的发展规律和本质要求,按照不同学段学生身心特点和成长发展规律有序衔接培养目标,将不同阶段的培养目标具体化,将不同学龄的课程内容实操化。为此必须推进课程目标一体化。要紧紧围绕习近平新时代中国特色社会主义思想这一党的创新理论,不断推动思政课改革创新;要循序渐进、螺旋上升地推动不同学段"四史"教育教学的进阶,加强不同学段教育教学协同合作,构建大中小学"四史"课程设计相衔接的制度体系,实现培养目标的一体化,以有效地帮助学生坚定理想信念、传承红色基因。

(一)一体化设定"四史"课程总目标

厘清思政课总体目标能确保思政课坚持社会主义方向和落实立德树人的根本任务。课程目标一体化就是将课程总目标贯穿各学段、各层次的具体目标,形成从总目标到分目标相互衔接、相互贯通的有机整体。思政课课程总体目标针对大中小学整个思政课,需要立足于思政课的政治性属性和价值性引导,将学习贯彻习近平新时代中国特色社会主义思想贯穿大中小学各学段的课程目标,以立德树人为根本目标导向,引导学生坚定"四个自信",成为德智体美劳全面发展的社会主义建设者和可靠接班人。课程总目标在不同学段、不同层次的课程目标中居于核心统领地位。

思政课课程分目标,是按照纵向衔接、横向贯通的原则,把课程总目标分解为学段性目标、学科分目标等具体目标。课程目标要呈现累积与叠加效应,需要科学、合理地组织课程目标,使其相互衔接、相互配合、彼此强化。其一,从纵向看,课程分目标要具体化为小学、初中、高中、大学各学段的课程目标。不同学段学生的知识水平、接受能力不同,是一个由低到高、由浅入深的渐进过程,因此大中小学不同学段思政课的具体目标存在差异。这就需要有针对性地设计大中小学思政课的具体目标,《关于深化新时代学校思想政治理论课改革创新的若干意见》明确提出了："小学阶段重在培养学生的道德情感，初中阶段重在打牢学生的思想基础，高中阶段重在提升学生的政治素养，大学阶段重在增强学生的使命担当。"这一要求指明了大中小学各学段思政课的具体目标，能确保各学段思政课各有侧重、阶梯式推进。① 其二，从横向看，课程分目标具体化为各学科分目标。《关于深化新时代学校思想政治理论课改革创新的若干意见》指出："发挥所有课程育人功能，构建全面覆盖、类型丰富、层次递进、相互支撑的课程体系。"我们应当构建纵横结合、有机统一的思政课课程目标体系，使不同的目标之间做到纵向衔接、横向贯通、层层递进、紧密配合。

设定大中小学"四史"课程总目标，要紧紧围绕思政学科核心素养，使其居于整个课程目标体系的中轴线和统率地位，并贯穿于各级分目标之中。引导广大人民群众特别是青少年弄清楚中国共产党为什么"能"、马克思主义为什么"行"、中国特色社会主义为什么"好"等基本道理。加深对党的历史的理解和把握，加深对党的理论的理解和认识，是贯穿大中小学"四史"教育的总目标。抓好青少年的党史、新中国史、改革开放史、社会主义发展史宣传教育，就要不断完善"四史"教育体系，进一步提升思想政治工作的感染力、凝聚力，不断提高立德树人工作的成效。具体来讲，"四史"课程总体目标包括以下几个方面。

1. 把握"四史"教育的政治性，着力引导学生树立正确的历史观

"四史"讲述的是中国共产党成立以来团结带领人民抵御外来侵略、争取民族独立、实现人民解放和民族伟大复兴的历史，是我们党的不懈奋斗历程和政治选择历程，具有鲜明的政治属性。"四史"教育是以历史为基础的政治教育。历史观是世界观、人生观、价值观的重要基础。"四史"教育要把正确的政治方向放在首位，引导学生树立科学的历史观。把好"四史"

---

① 李伟：《大中小学思政课一体化建设的逻辑理路》，《河南社会科学》2020年第8期。

教育的政治方向，事关党的前途命运，事关国家长治久安，事关中华民族伟大复兴。无数事实证明，一个国家如果出现对自身历史的认同危机，就会动摇整个社会主流意识形态，国家安全无法保障，人民幸福生活也就无从谈起。因此正本清源，在大中小学进行"四史"教育，必须把正确的政治方向摆在第一位，这是大学生正确历史观的形成、青年学生思想稳定的重要保障。

2. 把握"四史"教育的针对性，着力引导学生增强政治认同

通过传播正确的历史观点，引导学生深刻理解我们的历史文化传统，培养学生对国家治理的认同。当前的青年学生深受全球化、信息化和社会转型的影响，思维活跃，权利意识、平等意识、自我意识显著增强，价值观尚未完全成型。而实践中存在一些对"四史"的错误解读，极具误导性；更有甚者企图用历史虚无主义、新自由主义来歪曲和曲解历史。此种情况下，弱化或淡化"四史"教育就给学校思想政治教育留下了意识形态的"真空"。尤其是当前国内国外两个大局同步交织、相互激荡，世界之变、时代之变、历史之变的特征更加明显，"四史"教育不仅需要讲好历史知识，更要围绕学生关注的热点问题，解疑释惑，让学生在"四史"的学习实践中去思考和辨析，帮助学生树立崇高理想，成为拥护中国共产党领导、拥护社会主义制度、立志为中国特色社会主义奋斗终身的有用之才。

3. 把握"四史"教育的时代性，着力增强学生的使命意识

"四史"教育的出发点就是从讲党的历史知识开始，从建立学生的正确历史观着眼，最后落脚到让学生为实现中华民族伟大复兴而努力奋斗。"四史"教育的根本目标是以史鉴今、立德树人；引导广大学生在马克思主义历史唯物主义的指导下，深刻理解历史和人民为何选择了中国共产党、选择了马克思主义、选择了社会主义道路、选择了改革开放；引导学生掌握历史的脉络和规律，从理论逻辑和历史逻辑的辩证统一中，深刻认识和正确把握党的历史发展主题和主线、主流和本质；引导学生增强使命担

当，为坚持和完善中国特色社会主义制度服务、为改革开放和社会主义现代化建设服务。

（二）一体化衔接"四史"课程分目标

学生的成长过程，既是生理、心理、社会等方面的综合发展，也是由知到行、知行合一的连续发展过程。因此需要思政课课程目标呈现差异性、学段性特点，这是学生成长成才的内在需求和社会对人才培养的外部需要。学段性目标的一体化衔接是课程目标一体化建构的重要环节，要清晰认识到不同阶段的特征及其呈现顺序、前因后果，严格遵循学生的认知发展规律，在课程目标的具体设计上讲究连续性、体现差异性，在逻辑关系上重视上升性、呈现渐进性；要将人视为生理、心理、社会等方面的统一体，重视各学段的特定作用及其后续影响，严格遵循各学段学生身心发展的特点及规律，通过前后衔接、连续统一的学科性目标，使学生在循序渐进、螺旋上升的课程学习中，最终成长为社会主义现代化事业的合格建设者和可靠接班人。

在设定大中小学"四史"课程分目标时，要依据"四史"课程总目标，结合不同阶段学生的成长认知和特点，增强课程分目标的合理性和梯度性，从而提高各学段课程运行目标的耦合度。这就需要统筹设计各有侧重的不同学段"四史"课程分目标，这些分目标既要体现总目标要求，又要遵循教育发展规律和学生认知规律，体现出循序渐进和螺旋上升特点，逐渐帮助学生由简单认知向深入理解过渡，由具体思维向抽象思维过渡，由内化于心向外化于行过渡。

小学阶段课程目标要以生活为基础，重在培养学生的道德情感，具体包括：知晓我国基本国情，尊重、爱护国旗国徽，会唱国歌；知晓中国共产党是伟大、光荣、正确的党，立志听党话、跟党走；知晓改革开放是决定当代中国命运的关键一招，也是决定实现"两个一百年"奋斗目标、实现中华民族伟大复兴的关键一招，初步形成改革创新意识；知晓中华民族伟大复兴中国梦战略思想，初步形成对习近平新时代中国特色社会主义思想的情感认同,埋下做社会主义建设者和接班人的种子。

初中阶段课程目标要以体验为基础,重在筑牢思想基础,具体包括:加深理解我国的基本国情,增强国家意识和国情观念,通过初步理性思考,确立正确的政治判断和政治观点;了解中国共产党的发展历史,感悟党的初心使命,形成永远跟党走的思想意识;了解改革开放为什么能够成功、为什么改革开放能够焕发社会主义的生机和活力、推动中国特色社会主义事业的伟大飞跃,逐步增强改革创新思想意识;了解习近平新时代中国特色社会主义思想的核心要义和理论品格,体验马克思主义的真理力量和中国特色社会主义建设创造的伟大奇迹,逐步强化做社会主义建设者和接班人的思想意识。

高中阶段的课程目标应以认知为基础,重在提升学生的政治素养,具体包括:加深对我国基本国情的了解,树立正确的历史观、民族观、国家观、文化观;正确理解中国共产党的领导、中国特色社会主义道路的选择以及中国特色社会主义制度确立的历史必然性,提升政治认同素养;初步掌握马克思主义的世界观和方法论,加深对马克思主义中国化理论成果尤其是习近平新时代中国特色社会主义思想的丰富内涵、思想精髓和理论意义的理解,提升科学精神素养;强化做社会主义建设者和接班人思想意识,衷心拥护党的领导和我国社会主义制度,形成做社会主义建设者和接班人的政治认同。

大学阶段的课程目标应以学生的理论为基础,重在增强学生的使命担当,具体包括:通过理论与实践相结合,历史与现实相对照,国际与国内相比较的方式,认识世情、国情、党情,深刻理解历史和人民为什么选择了马克思主义、中国共产党、社会主义道路和改革开放;通过系统的理论学习,全面掌握马克思主义基本原理和马克思主义中国化理论成果,尤其是作为最新理论成果的习近平新时代中国特色社会主义思想,学会运用马克思主义的立场、观点、方法观察世界;在强化政治认同的基础上,提升历史自信,解决对马克思主义"知而不行"和"信而不行"的问题,争做社会主义合格建设者和可靠接班人。

(三) 一体化贯通"四史"学科分目标

一体化的学科分目标是课程总目标一体化设计、学段性目标一体化衔接的必然要求，是不同学段课程目标的细化、具体化，是系统建构一体化思政课课程目标的重要保障。处于"拔节孕穗期"的青少年阶段，更需要精心引导和系统培育。因此需要根据学生成长规律、结合学生认知特点、遵循学科课程属性，在小学及初中、高中、大学三个学段分别设计"道德与法治""思想政治""思想政治理论课"的课程目标，加强以习近平新时代中国特色社会主义思想为核心内容的思政课课程群建设，推动思政课立德树人目标的实现。

小学和初中阶段的"道德与法治"课，在思政课课程群中处于基础性地位，起着固本培元、培根铸魂的基础作用，注重学生的生活体验，引导他们学会认识自我、他人与集体、国家与社会，学会正确处理与自我、与他人和集体、与国家和社会的关系，重在培养学生"知事""懂情""讲道德"。高中阶段的"思想政治"课，在思政课课程群中起着承前启后的作用：开设有"中国特色社会主义""经济与社会""政治与法治""哲学与文化"四门必修课程和"当代国际政治与经济""法律与生活""逻辑与思维"三门选择性必修课程，重在培养学生"知理""懂法""讲政治"，引导和培养学生的政治认同、科学精神和法治意识。与小学、初中阶段的"道德与法治"课相比，高中阶段的"思想政治"课政治属性更鲜明、价值导向更彰显。作为高阶段的思政课程，高校思政课内容进一步系统化和深化，重在培养学生"知史""懂马""讲使命"，引导学生学会用马克思主义的立场观点方法发现问题、分析问题和解决问题，坚定正确的政治方向，立大志、明大德、成大才、担大任，努力成为堪当民族复兴大任的时代新人。与中学思政课相比，高校思政课更突出政治性与学理性、价值性与知识性的内在统一。

在设定大中小学"四史"学科分目标时，要结合各学科和课程特色，将"四史"教育内容融入各类学科和课程中，探索"四史"与各学科交叉融合的有效途径，在各学段"四史"教育顺畅衔接的同时，丰富拓展同一学段"四史"教育，在实践中实现横向与纵向课程设计一体化。这就需要进一步设计中学和小学学段内不同年级"四史"的课程目标，即在总目标的指引下，围绕学段课程目标，按照中小学不同年级层次将学段课程目标进行分解和细化。年级课程目标的表述应力求明确、具体，注意把推论性的动词转换成对学生行为进行直接观察的行为动词。这样有助于教师在日常教学中制定具体教学目标时，能够将课程目标细致化、具体化，也有助于教材编写者更精准、精细地筛选合适的教材内容。

二、优化"四史"教材编审，加强教材体系一体化

教材是传播知识的主要载体，是规范教学、育人育才最主要的遵循依据，建设什么样的教材体系，传授什么样的教学内容，倡导什么样的价值观念，体现国家意志，是国家事权。大中小学"四史"教育的本质是"思想"的输送，而内容是思想的载体。统筹推进教材建设，就要从学生认知规律出发，以学生成长成才为目标，积极推动大中小学"四史"教育教材编写工作，编写出版面向大中小学各学段、内容有机衔接的教材，构建立体化教材体系，要以习近平新时代中国特色社会主义思想为指导，全面落实立德树人根本任务，教育引导学生弄清楚当今中国所处的历史方位和自己所应担负的历史责任，深刻理解中华民族从站起来、富起来到强起来的历史逻辑、理论逻辑和实践逻辑，增强听党话、跟党走的思想和行动自觉，牢固树立中国特色社会主义的道路自信、制度自信、理论自信、文化自信。同时，鼓励各地根据教育教学实际，适时组织编写具有地方特色的大中小学"四史"教育教学用书、分级课程和辅导读物，开展案例征集推广，充分发挥好教材、辅导读物、教学案例在大中小学"四史"教育一体化建设中的基础性作用。

(一)思政课教材一体化建设的基本原则

要在全国范围内组织学科专家、一线名师参与大中小学思政课教材审

核，建立健全国大中小学思政课教材一体化编写审核机制，将一体化作为重要的审核观测点，系统分析和整体考察思政课教材的目标、内容和组织等要素，形成纵横交叉的一体化建设格局。

1. 教材目标要体现育人的整体性，坚持宏观规划与微观设计相统一

思政课教材目标决定了思政课教材建设的内容选择、组织架构及表达形式等。思政课教材建设目标要体现育人的整体性，坚持宏观规划与微观设计相统一，努力做到以下"三个"统一。①

(1)价值性和知识性相统一。思政课教材目标主要包括价值性与知识性两方面要求。所谓价值性，是指思政课具有塑造学生价值观的本质特征，重在回答教育有没有用、有什么用的问题，具有一定的主观性。所谓知识性，是指思政课具有满足受教育者对科学知识渴望的内在要求，重在回答教育内容是什么、怎么样的问题，具有一定的客观性。价值性和知识性，充分反映了思想政治教育的本质要求，两者有机统一、互为影响。一方面，思政课教材要通过满足学生对知识的渴求来塑造思想灵魂，从而达到价值观引导之目的；另一方面，知识在塑造价值观中发挥着基础性的支撑作用，是坚定政治信仰、培塑道德品德的基石。如果只有空洞的价值观说教，而没有科学知识作支撑，不能满足学生对知识的渴求，就会使教育找不准穴位、打不上鼓点，价值观教育效果就会大打折扣。只有充分发挥知识的支撑、涵养作用，价值观培塑引导才会恒久稳固、富有实效。

总体来说，知识性教育是思政课教材的根基，是发挥教材价值的前提和基础。而价值性教育是思政课教材的归宿，是知识性教育的方向和动力。因此，只有坚持价值性和知识性相统一，才能保证思政课教材建设目标的完整性。

---

① 陈淑清：《"大思政"观视域下大中小学思政课教材一体化构建》，《思想理论教育导刊》2020年第12期。

(2)层次性与递进性相统一。必须从当前思政课建设的顶层设计出发,加强中小学思政教材建设,切实根据青少年的行为特性和认知特点,注重大中小学思政教材的阶段性、整体性、特殊性、层次性和时代性,为思政课教材的一体化建设确定可靠的落点。要把握每一层次和不同层次之间教材的性质、学生的心理认知特点以及社会要求,以培育学生马克思主义理论学科核心素养为主导,构建一整套渐进式、连续性的思政课教材纵向目标体系。

(3)统一性与特殊性相统一。统一性是大中小学思政课教材建设的内在规定性,具体而言就是大中小学思政课教材建设的共性要求或一致性规定。统一性是党和国家事业发展的现实需要,体现着规律性、原则性、权威性、时代性、发展性等特征,是保障学校思政课教材建设目标达成的共性要求。同时要针对不同类型思政课教材建设要求,以及不同学科特征和要求,分类制定思政课教材目标,有选择、有重点地将国家层面、社会层面、个人层面的价值要求,系统融入大中小学教材目标。

2. 教材内容要体现要素的贯通性,坚持政治、道德、法治与文化相统一

思政课教材内容要素可概括为政治、道德、法治与文化四个维度。政治、道德、法治与文化四个要素,按照特定的结构相互联系,相互贯通,互相渗透,共同构成了思政课教材的内容系统。

(1)政治要素。教材政治内容包括理想信念、爱国情怀、民族团结、社会主义核心价值观等,对学生世界观、人生观、价值观的形成意义重大。大中小学思政课教学体系一直在"变",坚持马克思主义的指导地位却始终"不变"。只有坚持马克思主义的指导地位,才能巩固思政课的根和魂。教材建设要把准政治方向,教育引导广大青少年坚定在党的领导下走中国特色社会主义道路的理想信念,增强投身我国社会主义现代化建设中的自觉性、主动性和创造性;要坚守马克思主义的政治立场,不断巩固和发展马克思主义的指导地位,这就必须高举习近平新时代中国特色社会主

义思想伟大旗帜，将这一伟大思想的精神实质和丰富内涵全方位、多角度融入大中小学思政课教材中去，积极运用马克思主义基本理论、基本原则和基本观点回应各种社会思潮，分析学生关心的国内外热点问题，在思想交锋、矛盾批判和事实雄辩中，不断铸魂育人。

（2）道德要素。历史唯物主义认为，道德是一种社会意识形态。作为社会中的人共同生活的准则和规范，道德是社会发展的产物。不同的时代有不同的道德观念，没有任何一种道德体系和道德观念是永恒不变的。社会发展到某个程度，也就需要与之相适应的道德体系和道德观念。道德是社会对个体行为的基本规范，是学生政治素养的灵魂。大中小学思政课的教材，也要特别注重其中的道德内容，具体包含社会公德、职业道德、家庭美德、个人品质等要素，这是落实立德树人根本任务的核心内容。

（3）法治要素。法治是以民主为社会基础的法制模式，追求的是一种理想的社会结构和秩序。教材的法治内容应包括法治思想、法治知识、法治情感、法治行为等要素，它是树立学生尊崇法治、依法行为的原则性内容要求，是塑造学生依法治国观念与能力的法理基础。中国共产党领导人民为追求法治、探索法治、建设法治、推进法治、厉行法治进行艰辛奋斗，走过了不平凡的历程。党的十八大以来，以习近平同志为核心的党中央把全面依法治国纳入"四个全面"战略布局，作出一系列重大决策、提出一系列重大举措，推动新时代中国特色社会主义法治建设发生历史性变革、取得历史性成就，同时积累了宝贵经验。习近平法治思想是全面依法治国的指导思想，是马克思主义法治理论中国化的最新成果，是习近平新时代中国特色社会主义思想的重要组成部分，是法治中国的航标、为民初心的宣示、中国之治的圭臬，为新时代全面依法治国、实现美好法治蓝图提供了根本遵循，因此大中小学思政课教材也要全方位体现、宣传和阐释好这一思想。

（4）文化要素。习近平总书记指出："文明特别是思想文化是一个国家、一个民族的灵魂。无论哪一个国家、哪一个民族，如果不珍惜自己的思想文化，丢掉了思想文化这个灵魂，这个国家、这个民族是立不起来的。"①文化是一个国家、一个民族的灵魂。文化具有构建民族心理、造就民族性格、形成民族传统、塑造民族精神的作用，它是培养学生文化自信素养的根基。文化及其认同是维系民族团结统一、国家稳定发展的纽带。共同的文化、理想和价值追求，将一个群体紧密团结起来，超越血缘、种族、地域的差异而构成稳固的共同体。中华民族之所以具有强大的凝聚力和向心力，其根本的原因在于文化心理的自我认同感和超地域的文化归属感。思政课教材的文化内容包括传统优秀文化、革命文化和社会主义先进文化等要素，这是以文化人的基本内涵。

3. 教材组织要体现结构的系统性，坚持知识逻辑、心理逻辑与教学逻辑相统一

思政课教材组织要以"整体性课程结构观"为指导，强调对思政课教材内容不同层面、不同维度、纵向衔接、横向关联的组织，以从整体上优化教材组织结构，形成系统科学的体系。思政课教材一体化建设要遵循教材组织的三大逻辑。

（1）体现学科知识的逻辑性

教材内容选择要体现学科知识的逻辑性，即按照学科知识的思想性、科学性、前沿性来构建教材知识系统。教材作为学科领域理论体系和话语体系的集中呈现，理所当然应当发挥"知识地图"功用。但必须明确，没有任何价值无涉的纯粹知识；知识本身带有价值关切，知识的选取与应用存在价值立场。尤其是教材这一特殊知识载体。教材编写必须把握好意识形态导向与学科知识呈现的关系，即知识的选取、组织与呈现以体现国家意志为前提。当然，强调教材的意识形态属性，并不是要把教材编成简单的口号宣传，而要以科学的学理分析实现知识传输，以深刻的思想理论说明

---

① 《习近平在纪念孔子诞辰 2565 周年国际学术研讨会暨国际儒学联合会第五届会员大会开幕会上的讲话》，《人民日报》2014 年 09 月 25 日。

道理，用真理的力量引导学生，使教材经得起时间和实践的检验，经得起"为什么"的知识追问。

（2）遵循学生心理逻辑

教材编排要遵循学生心理逻辑，坚持"直线式"与"螺旋式"相结合，从而实现学生认知水平从低向高的转化。人的认识的发展是随着不同成长阶段和生活阅历而逐渐发展的，是由低到高、由表及里、由感性到理性的一个量变和质变不断发展生成新的认知的螺旋式上升的过程，这就决定了大中小学思政课的教材编写、教学内容设计要遵循由低到高、由简单到复杂的规律，循序渐进、内在统一。实践中教材设计存在以理论灌输为主、内容重复交叉的现象，缺乏层次性和对教学对象的针对性，没有兼顾层次性和规律性，而是简单重复，对现实关注不够，教材缺乏可读性。这就要根据不同年段学生的心理特点，按照学生成长规律、认知水平和教育梯次循序渐进，由浅入深、循序渐进地编写相关教材，坚持"直线式"与"螺旋式"相结合，避免因教材内容在不同学段的机械简单重复而使学生产生厌烦感，引导学生保持对思想政治理论学习和实践解读的浓厚兴趣。

（3）遵循教学逻辑

遵循教学逻辑，实现"教材体系"与"教学体系"的有机契合，使思政课教材成为教师教学和学生学习的重要桥梁。在实际教学过程中，既要重视教材体系，不能完全离开教材体系而另起炉灶；又要重视教学体系，不能机械地理解和运用教材体系。要下功夫吃透教材，将其融会贯通，全面准确地理解和把握教材体系。

（二）推动形成一体化的"四史"教材体系

教材是教学内容体系的基本载体，也是螺旋上升、有效衔接开展大中小学"四史"教育的重要保证。大中小学"四史"教材建设，要加强统筹，科学规划。国家教材主管部门统一组织大中小学"四史"教材的编写、审定，要构建主体多元、梯队合理的思政课程教材编审队伍，既要注重各学段间的循序渐进与螺旋上升，又要解决好各类课程与思政课相互配合的问题，发挥所有课程育人功能，使各类课程与思政课同向同行，形成协同效应。"四史"蕴含清晰的历史逻辑，是从纵向和横向两个维度，综合考虑、统筹把握教材编写体系形成的一个着力点。

1. 纵向看，要打通各学段"四史"的历史逻辑，循序渐进地编排教材体系

目前，我国大中小学思政课教材中存在内容重复交叉、逻辑层次不清、各学段间衔接性不够等问题。一是，内容重复交叉。比如，小学六年级上册教材"道德与法治"介绍了我国公民的权利与义务、我国的权力机构、人民代表大会等基本内容，八年级下册教材"道德与法治"中又提到我国公民的基本权利与义务、人民代表大会，在高中必修三"政治与法治"中仍然涉及我国的权力机关，大学教材"思想道德与法治"中继续提到公民的权利与义务等问题。内容过多地重复易使学生感到枯燥无味，失去获得新知的喜悦感，无法调动学生的学习热情。二是，逻辑不够清晰、各学段间衔接性不够，比如，小学阶段的教材"道德与法治"五年级上册第一、二单元的主题分别为"面对成长中的新问题""我们是班级的主人"，第三单元的主题是"我们的国土、我们的家园"；而五年下册教材的一、二单元分别是"我们一家人""公共生活靠大家"，第三单元的主题就是"百年追梦，复兴中华"。可见其中的生活性内容与政治性内容相互交叉，上下册之间、单元之间、各学段之间的逻辑不够清晰、衔接性不够。

"四史"中蕴含着清晰的逻辑线索。深入研究这种历史逻辑，将其贯通于大中小学思政课教材体系中，遵循各学段教材的逻辑关联、遵循学生认知规律，抓住不同学段的侧重点，由浅入深、由表及里、循序渐进地进行编排与教学，彰显出同一教学主题的阶段性和层次性，这样即便是在同一主题的学习中，学生也能获得新知识、得到新启示，清晰的历史逻辑也自然呈现在整个教学体系中，切实促进"四史"入脑入心。这就需要通过集体研讨教材的编排思路、宏观布局、内容安排和呈现方式等，打通"四史"中丰富的历史逻辑和历史关联，既要在教材中及时融入马克思主义中国化最

新成果，又要增强教材的针对性、可读性、吸引力和感染力。同时，还要组织专家编写相关的专题教学指南和示范教案，建设相关的网络教学资源库，构建与教材内容相配套的"四史"教育辅助资源体系，丰富大中小学有机衔接的"四史"教育教学内容的呈现方式，为教师和学生的教与学提供有效服务。

2. 横向看，要统一编写、全盘考虑其他课程教材中的"四史"内容

"四史"内容繁多、包罗万象。其他课程中都偶有涉及有关"四史"的知识，尤其是语文、政治、历史等主要承担立德树人任务的课程，包含大量"四史"的内容。因各类课程各有特色，其中对于"四史"内容的描述和侧重点也有所不同，往往"各自为政"，较易造成思政课与其他各类课程的协同育人合力不够。实际上，历史本身天然带有自己发展的清晰逻辑，因此在整个教学体系中，一方面在各类课程教材中，涉及"四史"内容要统一编写、全盘考虑，落实到教育实践中凸显出历史本身的逻辑，同时也在这种连贯的历史逻辑下，整合各类课程中的思政元素。另一方面，在思政课教材教学体系的形成中要利用好历史逻辑，增强各学段之间的连贯性、整体性、系统性。这样以"四史"逻辑为线索、"四史"内容为纽带，既能合理安排各课程"四史"教育的具体任务与内容，避免相互重复与冲突，同时也有利于打破课程壁垒，兼顾到不同课程间"四史"教学的衔接、互补与融合。同时，运用系统观念和系统方法，推进教材建设学理和实践相结合、纸质教材和数字教材相结合，将现代信息技术与"四史"教材深入融合、创新结合，形成类别互通、横向关联、纵向衔接一体化教材体系。

三、创新"四史"教育课程形式，加强课程教学一体化

人的成长和发展是连贯性与阶段性的统一。连贯性是前后相继的过程，体现出整体规划、系统推进、协调一致；阶段性是时限区间的表达，体现出时间固定、任务清晰、目标明确。统筹推进大中小学"四史"教育一

体化建设，需要在教学体系前后贯通上做文章。教学体系前后贯通，就要充分考虑大中小学不同学段目标重点、实施方式、运行机制和特点规律，以大中小学各学段的学习为经，以大中小学"四史"教育的教学目标、教学计划、教学大纲、课程设置和教材体系等要素为纬，明确大中小学各学段教学的目标和重点，设置相关的教学单元和专题，形成全面覆盖、类型丰富、层层递进、相互支撑的教学体系。同时，要树立"互联网+"和"'四史教育'+"的理念，针对大中小学不同学段的学生接受能力，最大限度发挥信息技术的正效应，运用图像、音频、视频等信息技术，利用慕课、微课、翻转课堂等教学方式，建设沉浸式全景影像、历史场景复原、情景体验场景，创设线上线下交织的跨界场景，让青少年学生通过人机互动、红外线体感交互、多屏互动、"3D+5G+VR"技术"移情入境"穿越到现场，以沉浸式体验打造可亲身参与、可深度了解、可普及知识的教育教学新模式。因此，构建大中小学"四史"课程的一体化教学，应遵循循序渐进、螺旋上升的原则，根据不同学段的目标和内容正确选择、合理搭配教学方法，实现三者相互匹配、相得益彰，不断增强思政课的思想性、理论性和亲和力、针对性。

（一）一体化创新循序渐进的"四史"课程形式

思政课需要理论"灌输"，可以说，没有马克思主义思想意识的灌输与传播，没有中国共产党人在不同历史时期坚持把思想理论建设放在党的建设的中心位置，没有对社会主义革命和建设事业接班人的教育和培养，就没有今天中国特色社会主义事业的健康发展。但在对学生进行理论灌输的同时，要充分发挥他们的能动性，这就必须不断创新"四史"课程形式。

1. 做好"四史"教育教法的衔接工作

小学生对外界事物的认知往往不加分析思考，尚处于一个直观形象反映的阶段，且生性活泼好动，具有很强的模仿能力，小学阶段思政课教学应选取和使用以故事讲述法、游戏活动法、角色扮演法等"具体形象"为主导的教学方法，通过生活本身获得道德发展，培养学生的道德情感；初中生自我意识逐渐觉醒，内心世界日益丰富，对外界情感体验能力和认知能力进一步提高，对自我认同感的需求逐渐增强，初中阶段应选取任务驱动法、合作法、情境讨论法等"关系互动"为主导的教学方法，引导、帮助学生通过亲身经历与感悟，在获得情感体验的同时强化思想认识，打牢学生的思想基础；高中生摆脱了对具体形象类事物的依赖和关系排斥式的成长阶段，理论思维和辩证思维得到充分发展，高中阶段应进行经济、政治、文化、社会、生态、生活等领域的知识建构，通过议题的引入、引导和讨论，增强师生互动，在开放民主的氛围中获取思想知识，提升学生的政治素养；大学生毕业后即将走向社会、服务社会，大学阶段应构建以实践创造为主导的教学方法，引导大学生由经验思维过渡到理论思维，从学理认知升华为理想信念，实现理论与实践相结合，"思政小课堂"与"社会大课堂"相衔接，进而正确认识和主动接续时代责任，增强实现中华民族伟大复兴中国梦的使命担当。

2. 要在"灌输"的基础上不断创新"四史"课程形式

要充分运用互联网技术，推进传统媒体与新兴媒体的深度融合，以线上教育对接线下学生实际需求，构建多样化、立体式、综合性的教学方式；要讲究语言的艺术性和通俗性，加强教材话语转换，将教材话语向教学话语转换，避免文件化、枯燥化。话语体系要实现守正创新，表达要适应各学段学生发展需要。要摒弃那些无味的、单纯式的说教话语，贴近生活贴近实践，用学生乐于接受的大众话语、网络话语、时代话语进行交流沟通，使得教学内容和教学方法适应学生认知阶段。

(二) 一体化推进大中小学"四史"教育教法创新

要通过大中小学思政课程一体化建设指导委员会，整体规划和明确"四史"课程教学标准和定位，统一指导各学段"四史"课程教学安排，打破课程教学壁垒，通过多维度育人方式、多元化育人实践，将知识与技能、理论与实践相结合,实现不同课程间"四史"教育教学的衔接、互补与融合。

1. 聚焦课堂教学,打造一体化"四史"教育高效课堂

各地可设立大中小学思政课一体化研究中心,组织政治教研员、各学段优秀思政课教师召开集体备课会,将"四史"融入大中小学思政课,努力打造大中小学思政课一体化的高校课堂。各地还可以联合主办教学观摩活动,比如,大中小学思政课教师"同上一堂课"的教学观摩活动,旨在通过教学观摩,推动"四史"学习教育融入大中小学思政课,进一步推进大中小学思政课一体化建设,帮助学生从小牢固树立"四个自信",厚植爱国主义情怀。

2. 聚焦示范引领,增强"四史"学习教育影响力

除了同上一堂思政课的师范课程、实现思政课教学资源的互联共享之外,还可以采取学生朋辈讲党史,比如大学可以成立由学生党员、优秀学生干部、优秀个人代表组成学生党史学习教育宣讲团,从学生视角出发,深入班级、面向学生开展党史宣讲,以朋辈教育带动大学生了解党史故事,引领大学生学好"四史",传承党的红色基因,在大学生中掀起学习"四史"的热潮。

3. 聚焦实践育人,增强"四史"学习教育感染力

校园实践课要与校外红色研学课同向同行,增强党史学习教育感染力。大中小学共享校园红色体验馆,开展校外"行走的课堂",为学生提供思想政治教育浸润场所,让学生在户外体验中"悟情明理",实现大中小学共育红色基因、同传红色声音、齐增红色能量。

4. 要在课堂教学中增添新时代的新元素

要突出教师主导、学生主体的教学特色,通过使用启发式教育、互动

式教育、大量的故事和案例、学生喜闻乐见的教学方式等手段引导、激发学生"四史"的兴趣，体现课程思政的特点、思政教育的初心本质。实践中要多采用翻转课堂教学形式，积极开展"四史"情景式教学、体验式教育、融媒体教学、自主式学习；要将第二课堂与第一课堂相衔接，凝聚育人合力。

四、畅通"四史"教育教师交流渠道，加强教师队伍一体化

加强大中小学"四史"教育，关键在教师，教师的配备数量、历史素养、知识技能、教学水平直接影响着学校"四史"教育的效果。无论是高等学校教育，还是义务教育阶段学校教育，师资队伍都是基础和支撑。要加强师资力量建设，充实教师队伍，打造一体化培养体系，让教师队伍建设成为"四史"教育一体化的助推器，不断夯实大中小学"四史"教育一体化的基础。

(一) 构建"四史"教育教师队伍的一体化管理制度

推进"四史"教育一体化建设，需要国家从宏观管理和顶层设计层面创新四史"教育教师队伍管理制度，激发教师队伍"四史"教育活力。

1. 加强选拔任用制度、编制管理制度创新

要加强"四史"教育教师队伍的选拔任用制度、编制管理制度等的创新，鼓励更多的优秀教师加入"四史"教育队伍，提升"四史"教育工作整体水平。这就要求在选拔任用"四史"教育教师时，应适当提高准入门槛，建立更加标准化的选拔机制，对教师的"四史"教育理念、"四史"教育知识、"四史"教育能力、"四史"教育协同等进行综合考评，并在选拔环节融入"四史"教育一体化意识，真正做到让"合适的人"来担任"四史"教育教师。同时，要让"四史"教育工作能够吸引人才、留住人才。长期以来，很多优秀教师不太愿意从事专职"四史"教育工作，更多是兼职做"四史"教育工

作，这不利于"四史"教育教师队伍的稳定与"四史"教育教师专业素养的提升，也增加了"四史"教育一体化建设的难度。为此，应当推动地方政府和各级各类学校按照一定比例配备专职"四史"教育教师，形成更加稳固的专职"四史"教育教师队伍，吸引更多优秀人才从事"四史"教育工作，为"四史"教育一体化奠定师资基础。

2. 加强职称晋升制度、收入补贴制度创新

加强"四史"教育教师队伍建设，提升教师从事"四史"教育工作的主体性和积极性，还应改革教师职称晋升制度、收入补贴制度。比如，在职称晋升中加强教师的师德考核，注意考察教师在"四史"教育一体化方面所付出的努力，对于具有良好师德的教师以及长期从事"四史"教育工作并且业绩优良的教师，在职称晋升上给予一定的政策倾斜。此外，还可以建立专兼职"四史"教育教师津补贴制度，对于扎实从事"四史"教育课教学工作、辅导员工作、党团建设工作等方面工作，在工作中有意识地落实"四史"教育一体化要求的专兼职德育教师，应进一步完善待遇保障机制，按照一定标准给予工作津贴、补贴，从而在一定程度上激发教师的"四史"教育积极性，增强他们从事"四史"教育工作的活力。

(二)完善"四史"教育教师专业发展的培养培训平台

推进"四史"教育一体化建设，应着重建立教师专业发展的一体化培养培训体系，为提升"四史"教育教师专业素养打造稳固的平台和机会。这需要做好三个方面的工作：

1. 建立贯穿职前、职中、职后的教师培养培训一体化体系

对于专职从事"四史"教育工作的教师要设置专门的"四史"教育培训学分，同时实行培训考核，激励专职"四史"教育教师在"四史"教育理念、"四史"教育知识、"四史"教育协同等方面的全面提升；对其他学科的教师也要进行"四史"教育专业能力、"四史"教育一体化的培养培训，提升其在

学科教学中挖掘"四史"教育元素的能力和水平，引导所有学科教师共同参与"四史"教育工作，推进全员"四史"教育体系的建立。同时，分批分类常态化开办大中小学"四史"教育专兼职师资队伍培训班、研讨班、轮训班，采取短期培训、专题培训、边教边学集训等方式，将学段衔接、协作的课程、教材、教学及深化机制等，列入培训内容，逐步提高专兼职教师教学能力和水平，着力打造一支懂"四史"、善教学、会管理的大中小学"四史"教育专兼职师资队伍。

2. 形成各个层级的一体化"四史"教育教师培训平台

在"四史"教育教师培训平台的建设中，不仅要对培训目标、培训内容、培训方式等进行一体化、系统性设计，培养教师共性的"四史"素养，同时也要根据各个学段的特征和差异，培育不同学段教师的差别化"四史"教育素养及能力，稳步促进"四史"教育教师的专业能力发展。"四史"教育教师队伍培训一体化包含四个方面：主体要素全员化，强调培训范围要覆盖至每一位"四史"教育教师，促进全体"四史"教育教师共同发展；过程要素全程化，要求培训贯穿于"四史"教育教师入职、成长、晋升全过程，贯穿于教师备课、说课、授课等教学过程始终；设计要素体系化，强调要利用好"国家示范培训+省级分批轮训+学校全员培训"的"四史"教育教师培训体系、"理论研修基地+教学研修基地+实践研修基地"的立体化研究平台、国培计划、名师工作室等拓展培训途径，释放培育方案的育师潜力；组织要素协同化，主要是指协同发挥各级思政课教学指导委员会的积极作用，在国家级、省级思政课教指委的指导下，协同挖掘各分教指委在"四史"教育教师培训一体化中的咨询、研判、督查、评估、示范、指导、引领等作用，为"四史"教育教师队伍一体化建设提质增效。[①]

(三) 优化"四史"教育教师队伍的资源配置

"四史"教育教师是落实"四史"教育一体化建设的重要主体，缺乏"四

---

① 刘先春，佟玲：《新时代大中小学思想政治理论课教师队伍一体化建设的若干思考》，《马克思主义理论学科研究》2021 年第 3 期。

史"教育教师队伍的优化配置，"四史"教育一体化建设很难在区域之间、城乡之间、校与校之间得到均衡发展。

1. 建立健全"四史"教育师资库

"四史"教育教师队伍一体培养，就要把"四史"教育专职教师队伍建设纳入学校师资队伍建设总体规划，根据学校"四史"教育工作需要，分梯次配备相应数量的"四史"教育辅导员，并逐步配齐"四史"教育教学专职教师，将"四史"教育课纳入教学管理，合理解决专职"四史"教育教师的专业技术职务评聘问题，以保证教师的相对稳定性。鼓励和支持不同阶段的学校设置兼职"四史"教育教师，借助老红军、老革命、老干部等宝贵资源，建立健全"四史"教育师资库，为学校"四史"教育提供力量支撑。

2. 促进城乡"四史"教育质量的一体化

国家教育政策要在区域均衡上持续发力，增加对中西部地区、偏远地区的公共教育资源的有效供给，在编制政策、待遇政策、保障措施等方面给予必要的政策倾斜，提升中西部地区、边远地区优质师资的比例，为推进全国范围内的"四史"教育一体化建设提供相对均衡的教师资源，避免"四史"教育一体化建设在各个区域间的落实出现极度分化的状态。当前已有的调查结果显示，乡村学校中优质的"四史"教育师资较稀缺、开课率较低、教学效果较差。这不利于"四史"教育一体化建设在乡村学校的落实，不利于城乡"四史"教育水平的均衡。

因此，要推动城乡教师资源的优质均衡发展，有必要推进以县为主的城乡"四史"教育教师交流轮岗，使城市优秀"四史"教育教师、优秀校长走进乡村学校，支援乡村学校建设；为乡村教师提供进入城市学校交流、研讨和学习的机会，实现城乡"四史"教育教师知识与理念的共享和更新，确保"四史"教育一体化建设目标在城乡学校的有效落实。此外，还可以通过校际"四史"教育联盟学校、"四史"教育名师工作室、"四史"教育教师学术研讨会等途径或方式，促进校际教师交流、合作和互动，深化"四史"教育教师对"四史"教育一体化的理解，整体提升"四史"教育教师队伍的德育素养。这些都可以为"四史"教育一体化建设打下更加坚实的教师队伍基础。

五、健全"四史"教育组织管理机制，加强保障机制一体化

为强化"四史"教育成效，提升各级教育领导干部的教育治理能力至关重要。要从工作理念、组织体制、管理制度等角度强化大中小思政课一体化建设的保障机制。为此，要树立"大思政"工作理念，建立健全德育与智育管理部门、基础教育与高等教育管理部门、学校领导与思政课教师间的统筹联动、分工协作、信息互通机制，成立国家和地方的大中小思政课一体化建设指导委员会，优化各学段思政课组织管理模式及教育教学的结构化调整，国家统一开设的大中小学思政课教材全部由国家教材委员会组织统编统审统用，地方或学校开设的思政课选修课教材，由各地教育主管部门负责组织审定。

(一) 善用"大思政课"创新育人格局

教育部等十部门印发的《全面推进"大思政课"建设的工作方案》提出，要坚持开门办思政课，充分调动全社会力量和资源，建设"大课堂"、搭建"大平台"、建好"大师资"。从思政课到"大思政课"，表面上只有一字之差，实质上是办好思政课的理念再更新、视野再开阔和格局再拓展。构建"大思政课"不是另立一门新课程，而是立足当今国际国内时代背景，面向培养担当民族复兴大任的时代新人的新使命，在继续发挥现有的课堂思政课优势基础上的守正创新。"大思政课"是相对于课堂思政课而言，是对课堂思政课内涵的丰富和发展。所谓"大思政课"，应该是基于人的思想政治素养形成与发展规律，以学生学习生活和成长发展为时空维度，集合课内

课外、校内校外、线上线下全时空领域鲜活思政教育素材，构建起纵向贯穿大中小学全学段、横向贯通学校与社会全时空的思政课。

1. 建设"大课堂"，打造高水平思政"金课"

建设"大课堂"，要坚持马克思主义的指导地位不动摇，将马克思主义科学真理传递给新时代的青年，引导他们树立正确的世界观、人生观和价值观，为马克思主义中国化时代化的推进打下坚实基础；要加强以习近平新时代中国特色社会主义思想为核心内容的课程群建设，形成必修课加选修课的课程体系，重点围绕习近平新时代中国特色社会主义思想以及"四史"、宪法法律、中华优秀传统文化等设定课程模块，开设选择性必修课程；建设"大课堂"，要讲清楚中国共产党的优良传统，党和人民一百多年的奋斗，书写了中华民族几千年历史上最恢宏的史诗，这是讲好"大思政课"的丰厚资源；建设"大课堂"，要进一步转变原有思政教育观念，牢固树立学校和社会紧密结合培养人才的观念，更加注重理论与实践相结合的现实观照。要丰富思政课的教学内容，从历史与现实的时空维度中洞察发展规律，从个人理想与社会理想中勇担使命责任。

2. 搭建"大平台"，激活新时代社会"大课堂"

搭建"大平台"，要进一步推动思政课程与课程思政同向同行，要将思想政治教育元素融入各门课程中去，潜移默化地对学生的思想意识、言谈举止产生影响，推动党的创新理论和历史融入各学段各门课程，使思政课程和课程思政紧跟形势变化，直面时代要求，把握时代大势。搭建"大平台"，还要建好用好实践教学基地，运用校外资源，来弥补传统学校教育资源的短板。要构建"四史"实践教学工作体系，由学校党委统一领导，相关职能部门积极配合，专任思政课教师、辅导员或班主任共同参与，并科学设计思政课"四史"实践教学大纲。学校主动对接博物馆、纪念馆等实践基地，开展相关研学活动，如采用沉浸式教学法、情景式教学法、体验式教学法等让学生走进纪念馆、革命旧址、博物馆等场所深入学习和体验，将思政课堂搬到生产劳动和社会实践第一线，在现场教学中帮助学生深刻体悟党的创新理论的真理魅力和实践伟力；支持成立"四史"文化社团、举办校园研讨会，以重大纪念日和历史事件为契机，开展话剧表演、课堂辩论、案例分析等"四史"文体活动；推进全国思政课教研系统和国家智慧教育平台建设使用，以数字化技术纵深挖掘、横向关联"四史"资源蕴含的丰富思政资源，建设"四史"资源教学案例库、专题素材库、在线示范课程库等。拓宽网络教育宣传平台，支持思政课教师参加主流媒体的"四史"相关时政节目，综合运用多种网络传播媒介，在学生喜闻乐见的平台和场景推送"四史"相关知识；加强与爱国主义教育示范基地、革命纪念馆等联动，组织开展"云端同上思政课"等活动。

3. 建好"大师资"，培育立德树人"大先生"

建好"大师资"，要不断提升思政课教师自身的综合素质，通过集中培训、实地研学等方式，提升融入"四史"资源的教学能力和综合素质，使得思政课教师做到有理想信念、有道德情操、有扎实学识、有仁爱之心，在教学过程中增强思政课的思想性、理论性和亲和力、针对性；建好"大师资"，要鼓励专任教师将"四史"内容融入日常教学，建立健全兼职教师制度，形成英雄人物、劳动模范、大国工匠、科学巨匠等先进代表，革命博物馆、纪念馆、党史馆、烈士陵园等基地讲解员、志愿者经常性进学校参与思政课教学的长效机制。搭建研究队伍平台，组建研究"四史"教育融入"大思政课"的课题组和教研室，加强对"四史"资源教育教学价值的深度挖掘，推广优秀研究案例。

4. 拓展"大格局"，汇聚全社会育人"大能量"

拓展"大格局"，要形成思政教育全方位协同育人机制，要充分调动全社会力量和资源，搭建大资源平台，建设全国高校思政课教研系统，推出一批优质教学资源，做优一批品牌示范活动，全方位形成多元协调育人环境；通过大中小学思政课一体化建设，为"大思政课"提供素质优良的教师队伍、科学合理的教学内容、内容丰富的教学资源、循序渐进的教学过程，使"大思政课"在学校教育中"茁壮成长"；通过家庭良好的习惯养成、家风熏陶、榜样示范，使"大思政课"在家庭教育中"生根发芽"；通过赢得社会各界的信任、认可和参与等方式，使"大思政课"在社会各界协助下"焕发生机"。深入推进大中小学思政课一体化建设，鼓励高校与中小学围绕"四史"教育融入思政课教学，开展师资培育、教研交流、集体备课等常态化合作；小学阶段侧重"四史"文化启蒙，初中阶段侧重革命感性体验和历史知识学习相结合，高中阶段侧重"四史"实践体会和理论学习相结合，大学阶段侧重实现学理认知到信念生成的转化，研究生阶段侧重对"四史"资源的宣传阐释和研究探索。

(二) 建立科学合理的"四史"教育一体化保障机制

我国应建立一整套科学合理的"四史"教育有效衔接的制度保障机制，立法部门可在相关的教育法规中进一步明确大中小学"四史"教育衔接的法律定位，教育行政部门制定统筹推进大中小学"四史"教育一体化建设指导纲要，明确各级党委及地方政府、教育行政部门的主体责任，制定一体化的学校"四史"教育课程标准。学校内部可结合自身实际探索有利于"四史"教育一体化衔接的组织管理制度、教学评价制度、交流互动制度等。

1. 强化大中小学"四史"教育一体化建设中的资源共享问题

实现优质的"四史"教育教学资源在大中小学思政课有序供给，需要从集体备课机制、交流研修机制等角度强化大中小学"四史"教育一体化建设中的资源共享问题。大中小各学段"四史"教育教师在培训过程中要加强相互沟通、对话和协作。"四史"教育教师通过学习各学段的"四史"教育理念、"四史"教育内容、"四史"教育方法等，可以加深对大中小各学段"四史"教育工作的整体认知和理解，发展自身在"四史"教育工作中的衔接和贯通意识，全面提升从事"四史"教育一体化工作的意识与能力。大中小学"四史"教育教师要加强交流，构建沟通交流机制，搭建交流平台，以及建立相应的经费支持制度；在集体备课中相互学习，共同研讨，发挥领导干部和学术带头人的示范带动作用，以低学段教师主动邀请或高学段教师积极联系等不同形式，在双向沟通中实现大中小学思政课目标内容、教学方式等的有效衔接，消除教师对不熟悉学段的"教育焦虑"。

不同学段"四史"教育教师间交流的合力是推动一体化建设的沟通保障。要增强高校思政课教师与中小学"四史"教育教师交流沟通的意识，探索建立由大中小各学段"四史"教育教师共同组成的、不同层级的理论研究中心、协同创新中心、集体备课中心，组建学术社团，保证相关信息高效流动；还可以建立不同学段思政课教师专题研修班及互访研修基地，畅通访问教育、挂职考察等交流渠道，建立大中小思政课研究协同创新中心，通过高校教师集中讲授、帮扶指导，助力中学思政课教师开展"四史"课题研究，形成大中小学思想政治教育一体化建设之中学思政课教学改革的研究报告和教改论文；还可以邀请长期从事大中小学思政课一线教学科研或管理工作的专家担任校外特约研究员，充实壮大专家团队，为"四史"教育一体化建设把脉问诊，全方位推动"四史"教育融入思政课一体化的理论研究和实践探索；还可以利用各类即时在线通讯平台或非即时网站公众号实现"四史"教育教师跨地域实时集体备课或非实时信息获取，实现不同学段教学数据和网络资源的共享；探索建设一批体现大中小学"四史"教育一体化的示范学校、形成一批优质示范课程，以此带动相邻学校、相近课程、相关教师共同发展，等等。

2. 激励教师将主要精力集中在教学上、投入到有利于学生成长的工作中

重点是改革教师评价机制，破除唯分数、唯升学、唯文凭、唯论文、

唯帽子等不良倾向，突出教书育人效果在职务评聘中的核心地位，激励教师将主要精力集中在教学上、投入到有利于学生成长的工作中。另外，还要把"四史"教育教师作为党政干部队伍的重要来源，为"四史"教育教师职业发展提供空间和平台。

3. 为教师参与"四史"教育一体化建设提供必要物质保障

作为一项利国利民的重要工程，"四史"教育一体化建设需要有坚实的物质基础，要求我们为教师积极参与提供基本的物质保障。其中最为关键的是各级政府、各类学校要认真贯彻中央相关文件精神，落实专项经费，为教师参与"四史"教育一体化建设提供必要的经费支持。

六、构建"四史"教育评价指标体系，加强课程评价一体化

要切实改革"四史"课程评价机制，推进各学段"四史"课程评价体系一体化建设，共同构建一个系统、科学的评价体系。同时评价体系的建立应更好地融入社会，同社会需要相结合，并且根据社会要求完善标准。

(一)"四史"教育一体化评价指标体系的构建原则

1. 科学性原则

构建"四史"教育一体化的评价指标体系必须建立在科学的理论基础之上，可以借鉴国内外的前沿理论成果，形成逻辑严谨、结构合理的评价指标体系，梳理出清晰的基本概念，从中抓住最本质的东西，以真实客观地反映事物本质。此外，评价指标体系涉及面广，既有定性描述，也有定量描述，必要时还要进行专题分析和研究，要注意尽管有多种复杂的因素，对评价体系都要以科学的语言进行客观描述，而且描述得越具体、越精

炼、越接近事物本质，就越能体现评价指标体系的科学性。

2. 系统性原则

评价指标体系是一个复杂的系统，其涉及的要素众多，必须从整体性、联系性和层次性出发来筛选指标，确保各个指标在结构上成为一个有机联系、层次分明、主次得当的整体。同时整个体系的要素必须能随着社会历史条件的变化而发生相应变化，以更准确、更客观地反映客观实际。

具体要求为：一是评价指标体系要全面完整地反映目标，不遗漏评价指标要素，也不增加与评价目标不相关的因素；二是层次分明，指标体系层次级别要有所不同，不同层次的指标之间应相互衔接、关系清楚，同一层次的指标之间既是独立的，又要综合、完整地反映高一层次指标的要求；三是主次得当，不同的指标应按其重要性给予不同的权重比例。

3. 创新性原则

习近平总书记指出："明者因时而变，知者随世而制"①，"解决深层次矛盾和问题，根本出路在于创新"②。唯创新才能发展、进步，创新是发展的内在动力源泉。大中小学思政课一体化建设是一个全新的理念和实践，基于中国国情，没有可资借鉴的经验，也没有固定的程序和步骤，这就要求我们必须立足实际，以创新的思维、创新的举措来努力推进这项工程。创新要体现在思维层面，当今世界，知识经济迅速发展，只有善于运用创新思维，才能更好回应和解决实践中的问题，创新更要体现在实践层面，要合理确定关键环节和评价要素，既要有创新性，还要有综合性、可比性、针对性，达到科学评价目的。

---

① 《习近平谈治国理政》第1卷，外文出版社2018年版，第155页。
② 《习近平关于科技创新论述摘编》，中央文献出版社2016年版，第3页。

4. 实用性原则

建立评价指标体系不是"猎奇"或"雅兴"，其最终目的在于应用，指导实践，否则就只是纸上谈兵，效果甚微。有的评价指标虽然在理论上有意义，但实践上难以操作，或难以具体确切地描述指标。因此建立评价指标体系时需要综合考虑这些因素，若只求理论上的完善，不注重实际应用，则有可能在现实中行不通，或存在较大困难和偏差，造成评价结果的不准确、不客观；同时还需要考虑指标的易得性和易测性，有的评价指标很重要，但实现起来难度很大，既难以测得，又难以获得相应的资料和数据来支撑，这就很难判断其实现程度和效果。这种指标的设立意义不大，也不符合实用性原则。

(二)"四史"教育一体化评价指标体系的构建

一体化是指多个原来相互独立的事物通过某种方式彼此包容、合作、衔接、融合，实现资源共享和协同工作，从而形成一个更有价值、更有效率的整体。一体化"四史"教育评价指标体系的构建，至少需要考虑思路和方法、结构体系以及综合评价等三个层面的因素。

1. 评价指标体系构建的思路和方法

教育指标的概念决定着教育指标的性质、目的、功能、设计、使用等系列问题，是一切教育指标研究的前提。这里的"指标"，是一种评价准则，是对评价的内容或方面的质的规定，是具体的、行为化的、可测量的和可量化的。[1] 我们以《关于深化新时代学校思想政治理论课改革创新的若干意见》和《新时代学校思想政治理论课改革创新实施方案》为总体指导方针，广泛借鉴、充分吸收国内外相关理论和实践研究成果，根据大中小学

---

① 邬志辉：《教育指标：概念的争议》，《东北师范大学学报(哲学社会科学版)》2007 年第 4 期。

各学段思政课的显著特征，对当前四史教育一体化的状况进行充分调研，查找存在的突出问题，进行综合、比较、分析，并广泛吸收和听取专家、学者、教育行政主管部门和一线教育工作者的意见，在此基础上初步建立大中小学"四史"教育一体化评价指标体系，然后对初步建立的指标体系进行主次因子分析，并对指标体系的整体结构进行调整，最终得到相对科学客观的评价指标体系。

2. 评价指标体系的结构

评价指标是基于特定标准对"四史"教育一体化状况作出分析和判断的具体统计范围。"四史"一体化教育质量评价的核心，即是相关评价指标体系的科学确立。基于前述分析，根据我国大中小学"四史"教育一体化的内涵、现状及其内在要求，在构建评价指标体系时，主要有教材体系、课程目标、课程教学、教师队伍以及保障体系等五部分。这五个部分为评价指标体系的一级指标，具体涵盖 12 个二级指标（参见下表）。二级指标反映和体现一级指标。

大中小学"四史"教育一体化评价指标体系

一级指标	二 级 指 标	指 标 描 述
教材体系	打通各学段"四史"的历史逻辑。	从学生认知规律出发，以学生成长成才为目标，编写各学段相关的专题教学指南和示范教案，建设相关的网络教学资源库，构建与教材内容相配套的教学辅助资源体系。
	统筹其他课程教材中的"四史"内容。	统一编写、全盘考虑各课程的"四史"内容，兼顾不同课程间"四史"教学的衔接、互补与融合，整合各类课程中的思政元素。

续表

一级指标	二级指标	指标描述
课程目标	一体化设定"四史"课程总目标。	把握"四史"教育的政治性,着力引导学生树立正确的历史观;把握"四史"教育的针对性,着力引导学生增强政治认同;把握"四史"教育的时代性,着力增强学生的使命意识。
	一体化衔接"四史"课程分目标。	小学阶段课程目标要以生活为基础,重在培养学生的道德情感;初中阶段课程目标要以体验为基础,重在筑牢思想基础;高中阶段的课程目标应以认知为基础,重在提升学生的政治素养;大学阶段的课程目标应以学生的理论为基础,重在增强学生的使命担当。
	一体化贯通"四史"学科分目标。	在小学及初中、高中、大学三个学段分别设计"道德与法治""思想政治""思想政治理论课"的课程目标,加强以习近平新时代中国特色社会主义思想为核心内容的思政课课程群建设。
课程教学	一体化创新循序渐进的"四史"课程形式。	做好"四史"教育教法的衔接工作,要在"灌输"的基础上不断创新"四史"课程形式。
	一体化推进大中小学"四史"教育教法创新。	打造一体化"四史"教育高效课堂,增强"四史"学习教育影响力、感染力,在课堂教学中增添新时代的新元素。
教师队伍	构建"四史"教育教师队伍的一体化管理制度。	强"四史"教育教师队伍的选拔任用制度、编制管理制度等的创新,改革教师职称晋升制度、收入补贴制度。
	完善"四史"教育教师专业发展的培养培训平台。	建立贯穿职前、职中、职后的教师培养培训一体化体系;形成各个层级的一体化"四史"教育教师培训平台。

续表

一级指标	二级指标	指标描述
教师队伍	优化"四史"教育教师队伍的资源配置。	把"四史"教育专职教师队伍建设纳入学校师资队伍建设总体规划；增加对中西部地区、偏远地区的公共教育资源的有效供给，在编制政策、待遇政策、保障措施等方面给予必要的政策倾斜；促进城乡"四史"教育质量的一体化。
保障机制	善用"大思政课"创新育人格局。	建设"大课堂"，打造高水平思政"金课"；搭建"大平台"，激活新时代社会"大课堂"；建好"大师资"，培育立德树人"大先生"；拓展"大格局"，汇聚全社会育人"大能量"。
	建立科学合理的"四史"教育一体化保障机制。	强化集体备课机制、交流研修机制；要从集体备课机制、交流研修机制等角度强化大中小学"四史"教育一体化建设中的资源共享；认真贯彻中央相关文件精神，落实专项经费。

总之，推进大中小学"四史"教育一体化要注重评价方法的适切性，要将学生成长发展需要作为评价的立足点，根据教学过程中的实际情况及时更新和修订评价指标，保证评价结果的科学性。要注重评价指标的发展性，最大限度尊重学生的学习特性和认知特点，用发展的观点进行动态化多角度的分析。要注重评价跟踪的全程性，在推进大中小学"四史"教育一体化的"大思政"格局中，构建起多维互动、良性有序的评价机制，并根据评价指标体系及其权重，对我国大中小学"四史"教育一体化发展程度进行纵向比较或对各地区"四史"教育一体化程度进行横向对比，最后形成我国"四史"教育一体化发展状况的综合评价。